Biblioteca
Era

Carmen
Boullosa

■

Son vacas,
somos puercos

Carmen
Boullosa

■

Son vacas,
somos puercos
filibusteros del mar Caribe

Ediciones
Era

PQ7298.12
.O76
S6
1991
Ò2548940>

Primera edición: 1991
Segunda reimpresión: 2001
ISBN: 968-411-338-2
DR © 1991, Ediciones Era, S. A. de C. V.
Calle del Trabajo 31, 14269 México, D. F.
Impreso y hecho en México
Printed and made in Mexico

A Alejandro Rossi,
y a David y Gillian Berry Arango,
nuevecitos recién nacidos

"Quien no hurta en el mundo no vive. ¿Por qué piensas que los alguaciles y jueces nos aborrecen tanto? Unas veces nos destierran, otras nos azotan y otras nos cuelgan, aunque no haya llegado el día de nuestro santo [...] Porque no querrían que adonde están hubiese otros ladrones sino ellos y sus ministros; mas de todo nos libra la buena astucia."

Quevedo, *La vida del Buscón*.

EL ESCLAVO

Ser el esclavo que perdió su cuerpo
para que lo habiten las palabras.
Llevar por huesos flautas inocentes
que alguien toca de lejos
o tal vez nadie. (Sólo es real el soplo
y la ansiedad por descifrarlo.)
Ser el esclavo cuando todos duermen
y lo hostiga el claror decisivo
de su hermana, la lámpara.
Siempre en terror de estar en vela
frente a los astros
sin que pueda mentir cuando despierten,
aunque diluvie el mundo
y la noche ensombrezca la página.
Ser el esclavo, el paria, el alquimista
de malditos metales
y trasmutar el tedio en ágatas,
en oro el barro humano,
para que no lo arrojen a los perros
al entregar el parte.

Eugenio Montejo, *Alfabeto del mundo.*

Primera parte

que trata de la llegada de
Smeeks a Tortuga y de cómo
y con quiénes aprendió el
oficio de médico y cirujano

Uno

¿Verlo? Todo lo he visto. Por algo tengo los ojos de J. Smeeks, a quienes algunos atribuyen el nombre de Oexmelin, y quien se dice a sí mismo públicamente, para no llamar la atención sobre su persona, Esquemelin, Alejandro Oliverio Esquemelin, aunque mi nombre sea Jean Smeeks, o El Trepanador cuando compañero de correrías de J. David Nau, L'Olonnais entre los suyos y Lolonés para los españoles, hijo de un pequeño comerciante de Sables d'Olonne —de ahí su sobrenombre—, vago cuando niño, y de tan largas piernas y cuerpo tan ligero que a veces desaparecía de casa por varios días.

¿Oírlo? Yo lo he escuchado todo, porque tengo también los oídos de Smeeks. Juntos, ojos y oídos, empezarán conmigo a narrar las historias de Smeeks en el mar Caribe y de aquellos con quienes compartí aventuras, como el ya mentado Nau, L'Olonnais, de quien oí decir se dejó contratar por un colonizador de Martinica de paso por Flandes, con quien firmó contrato de tres años para las Indias Occidentales, un amo brutal, bueno sólo para golpearlo sin cansarse, por el cual, al poco tiempo, pero ya en Martinica, el joven Nau encontró la esclavitud insoportable. Qué bueno que fue ahí, porque en el viaje no le hubiera quedado más que echarse de cabeza al mar, aunque tampoco imagino cómo hizo Nau para huir del amo en Martinica, porque era tan imposible hacerlo como en el medio del ancho mar, y no puedo explicar aquí cómo fue que escapó porque nadie contó nunca con qué artimaña (él, que era tan bueno para tramarlas) huyó con bucaneros de Santo Domingo que vendían pieles en Martinica, atraído por la vida libre, que, había oído decir, llevan estos hombres, sin esposa ni hijos, perdidos en los bosques durante un año, o a veces dos, en compañía de otro bucanero que los socorre si enferman y con quien comparten todo, pesares, alegrías y cuanto tienen, dedicados a

13

cazar y descuartizar los animales cuya carne secan al sol y ahú-
man con leña verde para vender, o a los colonos de las islas
vecinas, o a los barcos holandeses o a los de los filibusteros que
buscan matalotaje, vestidos con un sayo suelto hasta las rodillas
en el que es difícil ver la tela de que está hecho por andar
siempre cubierto de plastas de sangre, sujeto con un cinturón
en el que suelen traer cuatro cuchillos y una bayoneta; pero
cuando se ve Nau entre los bucaneros, el jefe le impide su inde-
pendencia, y lo tiene, amenazado de muerte, como su sirviente,
durante meses, dándole tan malos tratos que Nau enferma pues
son los tales bucaneros cruelísimos con sus criados, en tal grado
que éstos preferirían remar en galera, o aserrar palo del Brasil
en los Rasp-Huys de Holanda que servir a tales bárbaros, y un
día, por la enfermedad, no puede seguir a su amo, doblado
hasta el suelo por los pesados bultos de pólvora y sal con los
que siempre carga sus espaldas, amo tan cruel que, en un ataque de ira, lo golpea con el mosquete en la cabeza, medio ma-
tándolo y abandonándolo, solo, con las moscas de fuego y tres
perros por única compañía, creyéndolo muerto: las moscas de
fuego iluminan su alrededor en las noches oscuras, con los
cuerpos que se encienden en intensa luz, como no hemos visto
salir del cuerpo de ningún insecto en toda Europa, y los perros
lo cuidan, lo alimentan cazándole jabalíes, hasta que, a base de
comer carne cruda, se restablece su precaria salud y se alivian
las heridas, borrando los animales, con su bondad, los golpes
del amo y aliviando las fiebres que también debía a los malos
tratos del cruel bucanero. Nau lleva una vida solitaria durante
meses, interrumpidos cuando topa con él una pareja de bucaneros que le tiene compasión y lo nombra bucanero, enseñándole,
primero que nada, a comer carne cocida, a prepararla, como
ellos acostumbran, a la usanza de los indios araucos, en la forma que llamaran "bucan" y que ya explicamos aquí, y a hacerse
de calzado, fabricándose a sí mismo los mocasines que esos
hombres suelen usar y que hacen de la siguiente manera: apenas matan al puerco o al toro, recién desollado, meten el pie
en la piel que recubría la pierna del animal, acomodan el dedo
gordo donde ha ido la rodilla, la suben cuatro o cinco centíme-

tros arriba del tobillo y ahí la amarran, hecho lo cual la dejan secar sobre el pie para que cobre horma.

Nau era un cazador muy hábil, pero, atraído por otro tipo de vida más audaz, más aventurera y más cruel, abandona la compañía de los bucaneros, no sin antes regar los sesos de su anterior amo por el suelo del bucan que habitara, dándole un merecido y bien dado golpe de hacha mientras dormía.

Fui también compañero de Henry Morgan, el más famoso de los ingleses en el mar Caribe, según supe de primera fuente, hijo de un labrador rico y de buenas cualidades que, al no sentir inclinación por los caminos del padre, se empleó en el puerto en algunos navíos destinados para la isla de Barbados, con los cuales determinó ir en servicio de quien después le vendió. Eso fue lo que supe, pero muchos años después de darlo como un hecho, Henry Morgan nos obligó (al editor y a mí) a añadir un párrafo en el libro: "Esquemelin se ha equivocado en lo que concierne a los orígenes de Sir Henry Morgan —hubo de agregarse a la edición inglesa—. Éste es el hijo de un gentilhombre de la antigua nobleza, del condado de Momouth, y él nunca ha sido servidor de nadie, salvo de su Majestad, el rey de Inglaterra". ¡A saber! Para entonces el traidor de Morgan era tan rico y poderoso que podía decirse a sí mismo hijo de quien fuera. Otra cosa es que haya quien lo crea. Yo, con los ojos y oídos de Smeeks, lo único que puedo hacer al respecto es no hablar en este libro del traidor Morgan, y dedicar todas sus páginas a nuestra estadía en el Caribe para la memoria del Negro Miel y para hablar de Pineau de quienes yo aprendí el oficio y la verdadera Ley de la Costa.

Para un par de ojos y un par de oídos fijar las imágenes y los sonidos en el orden temporal en que ocurrieron no es tarea fácil, su memoria gusta burlar la tiranía del tiempo. Pero aunque salten a nosotros, desordenadas, imágenes como las de los pájaros atacando a los cangrejos en la arena de alguna isla Caribe para comérselos, corrompiendo el sabor de sus carnes tiernas con la hiel de los cangrejos que enturbian la vista y nublan la razón de quien los coma en exceso, y el sonido herrumbroso del tronar de sus duros picos destruyendo los caparazones, intentaré domarnos para empezar por el principio de la historia que deseo contar, con el momento en que Smeeks pone los dos pies en uno de los treinta navíos de la Compañía de Occidente Francesa que se unen en el cabo de Barfleur, con rumbo a Senegal, Terranova, Nantes, La Rochelle, San Martín y el Caribe, un navío llamado San Juan, montado con veinticinco piezas de artillería, veinte marineros y doscientos veinte pasajeros, con destino a la isla Tortuga, cuyo gobernador sería en el corriente 1666 Bertrand D'Ogeron, que más de un motivo nos daría para odiarlo.

Zarpamos el dos de mayo. En el navío van muchos otros jóvenes como Smeeks, jóvenes que han mendicado por las calles, que han trabajado de sirvientes, que han sido vendidos por sus familias, y que los colonos o la Compañía contratan por tres años con el anzuelo de las riquezas de las Indias Occidentales, de las aventuras, las nuevas, desconocidas y distintas tierras, pero sobre todo con el anzuelo de abandonar la Europa, con nosotros tan poco generosa. El San Juan no va solamente cargado de jóvenes y de marineros, también viajan en él hombres de guerra contratados para defender los intereses de la Compañía, comerciantes, hombres maduros que no saben a ciencia cierta con qué se enfrentarán, algunos con experiencia en muchos viajes, los más emprendiendo el primero, aventureros de distintas raleas, colonos que han ido a traer mano de obra, algún representante del Rey con sus criados y secretarios que viajan en cabina aparte... Para ser franco, tenía bastante con lo propio como para poder pasar revista a los doscientos veinte pasajeros del San Juan: Smeeks no usa el tiempo para observar a los que van con él o a los que viajan de distinta manera, Smeeks usa el primer tiempo del viaje, un tiempo tan diferente al tiempo en tierra firme, mucho más largo y monótono, para tratar de alcanzarse a sí mismo: hace pocas tardes, él era un muchacho de trece años vagando sin rumbo en Flandes, algunas veces haciendo de criado, si corría con fortuna (hasta excesiva buena fortuna, como cuando aprendí a leer y escribir por un amo clérigo que parecía estimarme más que a un criado, y más que a un muchacho), otras sobreviviendo quién sabe cómo, cargando bul-

16

la isla comprar a la Compañía todas sus mercaderías, anunciando para congraciarse que las compras serían a crédito. Pero una cosa fue la imposición de la Compañía y otra muy distinta la ejecución.

Los agricultores fueron los primeros contra los que decidieron ir los hombres de guerra, por ser las víctimas más fáciles. El elegido fue El Turco, allanaron su habitación llevándose cuanto hubo de valor, lo golpearon cuando intentó oponerse y, soltando sus caballos sobre los campos de tabaco que esos días apenas levantaban del piso, redujeron las matas a lodo y hierba arrancada, pensando así amedrentar a los demás y obtener los cobros, único objeto de su estancia en Tortuga, tras lo cual regresaron al navío anclado frente a Cayona, según ordenara el gobernador impuesto por la Compañía, creyendo, imbécilmente, ponerlos así a salvo de posibles ataques de los colonos. En la madrugada siguiente, encontraron asesinado al de la guardia nocturna, con la boca y las orejas y el vientre abiertos, rellenos de las matas arrancadas al sembradío de El Turco y un mensaje escrito sobre la cubierta con sangre de sus miembros mutilados, usados a su vez como pinceles, casi deshechos de tanto ser untados en las vigas: "VACAS SOIS, COMO VACAS COMERÉIS TODOS PASTO". El hilo de sangre del cuerpo corría enmarcando la frase, escurriendo hacia los trancaniles y los embornales, como si el cuerpo fuera una fuente de sangre. Al llamar el Capitán a todos a cubierta, fueron abruptamente abordados por fieros Hermanos de la Costa, llegados a ellos en canoas, cargando abundante alimento para los hombres de guerra que rendidos fueron obligados a comer matas tronchadas del campo de El Turco, revueltas con lodo, mierda y malas yerbas, ingestión que mató a más de uno y que a los demás tuvo durante días sumidos en horrendos dolores, luego de los cuales abandonaron Tortuga, por lo que los comisarios ejecutaron la orden que también había traído para ellos el San Juan: que si ni con los hombres de guerra podían cobrar o hacerse de retornos, vendieran cuanto tenían en su poder, propiedades, mercancías y criados a su servicio, decisión que, como incluía el retiro casi absoluto de la Compañía, cayó con júbilo en los colonos, que no prodigaron para hacerse de los bienes, discutiendo los precios que, de por sí, no eran tasados con impunidad por los comisarios, infundidos por una mezcla de respeto, miedo, algunos admiración y los más odio por los Hermanos de la Costa, ganadores abusantes en este comercio.

"Dicha" era el sentimiento que rondaba en Tortuga durante esos días, pero no para mí, porque fui adquirido, para mi mala fortuna y peor suerte, por el más tirano y pérfido hombre que calentara el sol en Tortuga, el gobernador o teniente general de aquella plaza, impuesto por la misma Compañía. "Dicha" y "Libertad" rondaban en Tortuga, porque los Hermanos de la Costa decían no deber más lealtad que a Dios y al mar, pero no había libertad para mí porque no tenía yo ni un céntimo ni a quien pedirlo para pagar el precio que mi cruel amo pedía para darme libertad y franqueza, trescientos reales de a ocho. Su trato era insoportable y era imposible escapar.

Había esclavos que ya lo habían intentado, de él o de amos igualmente crueles. Yo los vi colgados, ahorcados, expuestos a la vista de todos hasta que los gusanos y los pájaros no dejaran de ellos más que huesos. Entonces caían sus partes descoyuntadás al suelo. Otros habían recibido como castigo por su intento que el amo les hiciera cortar una pierna y llegaron a ser tan habituales los esclavos sin pierna que un francés en Martinica inventó una manera de asegurar esclavos remedando los que ya había así, el uso de una corta cadena sujeta por un extremo a un collar de hierro, y por el otro al tobillo, rodeado por hierro como el cuello, de modo que algunos esclavos, teniendo sus dos piernas, andaban cojeando como si sólo tuvieran una, llagándose con el calor infernal que se condensaba ensolecido en el collar metálico y en el aro que rodeara al tobillo.

Un esclavo que escapó fue cogido en el bosque. El amo le hizo amarrar a un árbol, donde le dio de palos sobre las espaldas y le bañó en sangre tanta que escurría sobre la tierra. Entonces el amo hizo que le refrescaran las llagas con zumo de limones agrios, mezclados con sal y pimienta molidos, dejándole, en aquel estado, amarrado al árbol para veinticuatro horas después repetirle el tormento, hasta que de tanto golpearle y maltratarle el esclavo murió, no sin antes gritar, con una voz aguda y pegajosa, que pareció llegar más allá del bosque y perderse en el mar:

—¡Permita el poderoso Dios de los Cielos y la tierra que el diablo te atormente tanto antes de tu muerte como tú has hecho an:es de la mía!

Tres o cuatro días después, cayó en el amo el espíritu maligno. Sus propias manos fueron verdugo de sí mismo, dándose golpes y arañándose de tal modo la cara que llegó a perder su forma, hasta que murió en un charco de sangre, como su esclavo, recrudecido su tormento con la sal y la pimienta de un castigo que él no esperara, porque lo natural era que los amos hicieran cuanto viniera en gana a su mala voluntad y podían dar al esclavo, de la raza que fuese, cualquier maltrato y de querer la muerte, porque a nadie le incumbía, de modo que, para los esclavos, la única escapatoria posible (hago de lado a Nau, siempre extraordinario), si no podían resistir el plazo de tres años de su contrato, cuando eran franceses y de siete cuando ingleses, era la muerte. Los esclavos blancos (a los negros o matates les hacen trabajar menos que a los europeos, pues dicen que deben conservar esos esclavos por serles perpetuos, y los blancos, en cambio, ¡que revienten!, ya que no están más que tres años a su servicio), algunos antes y otros después, caían en cierta enfermedad que llaman ellos allá coma y que es una total privación de todos los sentidos y que proviene del maltrato y mudanza del aire natal en otro totalmente opuesto. Si, como todos sabemos, las personas mueren de tristeza, de desilusión, del ánimo que sucede a una decepción amorosa, ¿cómo no iban a morir los esclavos franceses bajo tratos crueles en tierras tan distintas a las que están acostumbrados? No oían, no veían, no sentían el calor intenso, nada les dolía, no sentían hambre ni sed: antes de morir entraban al reino de las piedras.

Yo no era el único esclavo del gobernador, pero sí el único blanco, así que, por las razones ya dichas, me tocaba la peor parte, el trabajo más duro. Mi condición no era tan recia como para resistirlo, porque yo aún no me acostumbraba a Tortuga, por el estado de mi corazón convaleciente, y por mi cuerpo, atormentado de hambre, creciendo cuanto mi naturaleza, tal vez tocada por Tortuga, con prisa y exceso, le dictaba (en poco tiempo me hice un hombre alto, excesivamente delgado, un hombre y no un muchachillo, al cual Ella no se atrevería ya a confesar su secreto como lo hizo a mi cuerpo bajo, de niño). Varias veces estuve a punto de quebrarme bajo los palos y rigores del gobernador, y sin duda lo hubiera hecho de no haber tenido dos consuelos: la habitación, menos extraña, desnuda y severa, construcción en piedra que formara parte del fuerte de la isla, y, el segundo, de mucha mayor importancia, los tratos de quien ocupara la habitación vecina, Negro Miel, que, medio ciego, me acogiera sin tomar en cuenta que yo era un blanco francés, encontrando en mí, únicamente, un chico atormentado por un amo cruel. Tanta compasión desperté en Negro Miel cuanto cariño me cobró y generosidad me manifestó, legándome, por una parte, su sabiduría, y, por otra, la eternidad en su recuerdo, como ya explicaré. Ayudó también a mi sobrevivencia mi habilidad para suplir trabajos con mentiras, aunque de diez que echaba en una me atrapaba el amo y a punta de azotes me la cobraba.

Quiero ceder a Negro Miel la palabra, tal como la escuché varias veces, estuviera curándome la espalda herida por palos, dándome a hurtadillas porciones extra de alimentos, carne ahumada, pan de cazabe, frutas y plantas que él conocía de Tortuga, a las cuales, tal vez, debo mi exagerada altura, o restaurando mis agotados miembros con pócimas que me administraba y me enseñaba a preparar y recetar con tiempo arrancado a mi trabajo, a espaldas de mi amo, ayudado por mis hábiles mentiras:

Relato de Negro Miel
"Yo nací donde la tierra alcanza su perfección. El clima es perfecto: ni el calor ni el frío incitan a cubrir el cuerpo porque el aire arropa la piel con delicadeza. Hay prodigios y abundancia de frutos, y las plantas, sin excepción, son comestibles de la flor a la raíz, pasando por la semilla, el tronco, las hojas, las ramas. El agua corre en brazos frescos, como el que aquí en Tortuga fluye sin parar adentro del fuerte, cruzando la tierra aquí y allá,

para que nadie sufra jamás sed y para que la tierra esté cubierta siempre de verdor. Las cebras, los leones, las jirafas, los elefantes, el antílope: éstos son algunos de los prodigiosos animales que, tan variados como los frutos, pueblan el perfecto valle en que nací. Desde muy pequeño, mi padre, mi madre y sus hermanos me enseñaron los secretos de la naturaleza; qué espíritus se esconden en las formas, y su invocación para curar enfermos, sanar heridas, desaparecer tristezas. Aprendí también el francés, y a escribirlo, porque el hermano de mi madre vivió en ciudad de franceses varios años. Para dejar de ser niño, fui iniciado a la virilidad. Entonces aprendí los mayores secretos. Una nueva iniciación, la que llamamos Entrada al Mundo, tuvo lugar cuando cumplí diez y ocho años. En ella cosieron a mi pecho, transversal, desde mi hombro izquierdo al costado derecho, la banda de cuero y tela que identifica a quienes venimos de allá donde la naturaleza alcanza su perfección, y terminado el rito salí de mi tierra, creyendo que regresaría, como lo habían hecho todos los míos, sin imaginar siquiera que yo sería arrancado para siempre de mi amado valle. Por eso Negro Miel no ve más. Prefiere que su vista se ocupe de los recuerdos, de lo que sus ojos no podrían ver si se abrieran. Por eso Negro Miel sólo habla en voz alta en francés. Debemos conservar en silencio las lenguas que nos enseñaron nuestros padres, para que no se gasten, para que adentro de nosotros mismos se esmeren en silencio en conservar nuestros espíritus en alto y así no nos ignoren los dioses y nos protejan. La primera aldea a que serví entabló luchas cruentas con otra aldea vecina. Yo hacía caso omiso de las batallas, a las que mi sangre es tan opuesta, mi tiempo transcurría sanando heridas, curando enfermos, fortificando saludes quebrantadas, pensando, cuando estaba a solas, en que después de setenta lunas llenas volvería con los míos, al valle donde todo es perfección, a enseñar a los niños cuanto me habían enseñado a mí y cuanto había aprendido en las setenta lunas, y a tener con una de mi sangre el bien de la descendencia.

"Las luchas se recrudecieron y los de la aldea en que yo habitaba fueron vencidos; junto con los demás varones, ignorando mi sangre, fui tomado prisionero en prenda de la derrota. Pensé verme libre de inmediato, distinguido por la banda que me cruzaba el pecho, en la que cualquiera sabía yo guardaba remedios para todos útiles. Lo que no imaginé es que caería en manos de ingleses, vendido como los demás por los de la aldea victoriosa que actuó como si fuese de bárbaros. Enterrado para hacer el viaje en la bodega del barco, supe que iría a lugares de los que nunca sospeché siquiera su existencia, sin que pudiéramos mirar hacia dónde viajando en la sentina como mercadería, atados con cadenas al cuello, a los tobillos, a los puños, asándonos, suplicando aire fresco, o por lo menos que cesase el bamboleo. El navío en que viajábamos fue abordado por piratas franceses, y se enfilaron hacia las Antillas. Son usuales los ataques a buques negreros, pero en estos piratas no era costumbre hacerlos, e incluso les inspiraba repugnancia, ahora necesitaban recursos para armarse porque preparaban una ambiciosa empresa en el mar Caribe, por lo que, como no es usual, conservaron ambos navíos, aquel en que ellos llegaran, más el barco abordado, y se enfilaron con rapidez a la venta del jugoso, aunque desagradable botín.

"En cuanto bajaron a reconocernos, oyéndolos hablar entre sí, hice notar en voz alta mi correcto francés, pero lo único que obtuve fue una helada mirada a mis cadenas, quien la dirigió no la puso en mi cuerpo, certificando solamente que el negro estuviera bien sujeto y haciendo sonar su látigo muy cerca de mí, casi rozándome y lastimando a quien tenía más próximo, aunque no estaba atado a mi propia cadena, un viejo que se deshacía en lágrimas, lamentando en voz alta su suerte, llorando por sus hijos y sus nietos y renegando de que no hubieran respetado su edad, con toda razón, ya que cuando nos fueron subiendo en mar abierto a la cubierta para seleccionarnos y tasarnos, a él lo tiraron por la borda considerando que no había que desperdiciar por él comida, si era tan viejo que poco se podía obtener en su comercio, cortándole antes las manos, los pies y la cabeza, en ese orden, para no tener que rehacer la cadena en que venían atados otros seis, ni bajar a la bodega carne a podrir.

"Cuando tocó mi turno de subir a cubierta, tuve un golpe de

suerte que me ha valido la vida en Tortuga. Nos subieron a
siete al mismo tiempo, porque tantos era el número que mi
cadena sujetara de cuello, puños y tobillos, enceguecidos por el
sol que no entrara nunca a la bodega donde nos traían enterrados, en la que sólo se colaba un poco de luz cuando entrea-
brían la escotilla para bajar la comida y para que pasaran los
que la regaban en los comederos, cuando eran los ingleses cinco hombres armados hasta los dientes (porque eran cobardes, si
estábamos inofensivamente fijos, como un clavo a la pared) que
se divertían dejándola a veces afuera del alcance de alguno, y
ahora un francés que con helada paciencia la acomodaba en los
comederos de madera cercanos a nuestras caras, de los que comíamos más como ganado que como personas, sin valernos de
nuestras manos encadenadas para acercar la comida a nuestras
bocas. Vencí antes que los otros seis el deslumbramiento, o por
lo menos antes que uno de ellos, porque vi cómo caímos cuando alguien tropezó, aún ciego por la luz en cubierta, y, como
estábamos atados de la misma cadena, los siete fuimos a dar al
piso. Me quedó frente a los ojos una bota de cuero abierta a
cuchillo para no irritar la herida que no quería cerrar, y supe
de inmediato que ésa no era herida de arma o cuchillo, sino
una vena enferma, reventada a flor de piel, y así lo dije, en el
suelo, en voz alta y en francés, y agregué que yo sabría curarla
con los remedios que traía en la banda del pecho. El de la bota, contramaestre de la expedición y capitán del buque negrero,
porque el Capitán viajaba en el navío filibustero, dio la orden
de que me soltaran de la cadena de siete a la que yo estaba
soldado y mandaron traer del otro navío al herrero para que
con sus herramientas me liberara, y viendo que tardaba, yo dije
que no era necesario que me soltaran para que yo curara, porque para sanar heridas, alejar enfermedades y curar tristezas
eran los de mi sangre y que si su Excelencia el de la bota abierta me permitía que los siete nos acercáramos, ya que no podía
yo moverme sin los otros seis, que lo empezaría a curar de inmediato y con gusto. Dio orden de que nos acercáramos. Los
siete nos hincamos para revisar la herida. Los siete nos juntamos más los unos a los otros para que la cadena permitiera a

mis manos sacar de la banda un polvo de hierbas secas que quita el dolor si se rocía sobre una herida soplándolo con aliento lento. De nuevo los siete nos inclinamos ante el de la bota, ahora más, casi con la cabeza al suelo para que yo aplicara el polvo. Luego nos levantamos para que diera aire fresco a la herida empolvada y pedí miel o azúcar si no tenían miel. Hubo miel en el otro navío. Llegó junto con el herrero, envasada en un enorme barril porque no dije que sólo requería de un poco. Antes de que empezaran a golpear la cadena para librarme, apliqué miel sobre la herida (en la que desde ese momento, por el polvo engañoso, ya sentía alivio) y repetí la aplicación los días siguientes, hasta que después de siete cerró por completo. Ya sin cadena al cuello, eché mano de los remedios que traía conmigo, quité una jaqueca desesperante a uno de ellos, les alejé los molestos piojos a los que lo permitieron colocando una semilla de mis tierras en su oreja derecha, y malestares de todo tipo a quien los padeciera, remedios que me llenaron de crédito, de modo que cuando llegamos a Cuba a cambiar en el contrabando los esclavos por pólvora y armas con el español con quien ya lo tenían convenido, ya había sido yo admitido en la Fraternidad de los Hermanos de la Costa, jurándole fidelidad, abandonando el nombre que me dieron mis padres por el de Negro Miel, y reconociendo el contrato que me dieron a firmar y en el que estampé con clara letra mi nuevo nombre, para sorpresa y regocijo de los demás Hermanos que no creían posible un negro supiera leer y escribir. Por esto, y por saber curar, no entré a la Cofradía como matelot, no tuve amo ni a quién lavar su ropa, hacerle la comida, limpiarle la choza, cultivar su huerto o permanecer en los combates a su lado y protegerlo durante dos años como cualquier aspirante que ingresa a Tortuga, aunque, lo que sí es cierto, es que condicionaron mi pertenencia a la Cofradía a que la aprobara el Consejo de Ancianos Filibusteros, ante los cuales juré frente a la cruz y la biblia mi lealtad al llegar, como si yo fuera a un tiempo católico y protestante y escribí la frase que me dictaron para que se viera que era hábil mi puño con las letras. Cuando llegamos a Tortuga, mientras todos se preparaban para la expedición, recorrí gran parte de la isla caminando, e incluso crucé en canoa a Tierra Grande buscando materia para abastecer mis remedios, la cual encontré más de lo que esperara, alegrándome en extremo, pero sentí que eran tan grandes los espíritus en Tortuga que me hice de un perro para que me acompañara y previniera y protegiera de sus cercanías, y así pude vencerles el miedo.

"Antes que me diera tiempo de pensarlo dos veces, zarpamos con nuestro Almirante. Ya te he dicho cuán ajena es mi sangre a las batallas. Imaginarás mi repulsión cuando conozcas el comportamiento de los filibusteros, porque mira que son fieros para atacar, crueles con sus vencidos y también inmisericordes con los débiles. Para mi fortuna, aquella primera expedición fue extraordinaria, Smeeks, extraordinaria. No fue después del primer ataque cuando decidí no volver a firmar contrato, sino después de verles sus crueldades y cuánto gustan hacer correr la sangre. Pero admiro a los filibusteros. Son nobles, son leales..."

Yo a todo asentía, como si comprendiera aunque no entendiera ni pío, pero con sus pláticas, para las que arrebatábamos el tiempo a mi amo (si se daba cuenta me cobraba a palos las labores que yo no había hecho o con las que lo había engañado, o mi torpeza y cansancio por haber permanecido la noche con los ojos abiertos escuchando a Negro Miel, escuchando sus artes y secretos en lugar de dormir y reposar para tener fuerzas en las temibles jornadas de trabajo a que me obligaba el Teniente General de la isla), fui aprendiendo, no sólo a reconocer las hierbas curativas (a verles, según sus términos, "su espíritu") y cómo prepararlas y aplicarlas y para cuál ánimo o padecimiento, sino también quiénes eran los filibusteros, la organización de los Hermanos de la Costa, su Cofradía, y a amar, a través de su charla, términos en los que yo jamás había pensado: "libertad", "igualdad", pilares de la Cofradía. Me hablaba de Tortuga y yo fui aprendiendo a fascinarme por la isla, creyendo, de alguna manera sorda y en cierto modo correcta, que Tortuga quedaba muy lejos de mí y que Negro Miel era mi único nexo con tal sitio, un lugar al que yo querría ir y del que continuamente me arrancaban los palos y las crueldades del amo.

Negro Miel me contó los pormenores de su primera intervención en un ataque filibustero, que no fue, según él mismo dijo, de naturaleza violenta, sino de la de Hawkins, pirata que, odiando la sangre y amando las ganancias, engañaba y hacía trampas, y que en más de una ocasión de sus propias víctimas sacó los compradores de los bienes recientemente arrebatados. Una cuadrilla desembarcó en las cercanías de Campeche y esperó, un poco tierra adentro, agazapada, el paso de un grupo de españoles, a quienes rindieron a golpes, desnudaron y amarraron con múltiples nudos y lazos, amordazándolos de tan mañosa manera que llevara tiempo quitarles las mordazas, y vistiendo sus ropas y fingiendo sus pasos (cosa que divirtió mucho a Negro Miel, porque él mismo vistió de español, aunque fuera un español imposible) encaminaron apresurados sus pasos hacia la plaza de armas, donde empezaron con aspavientos, fingiendo miedo, a gritar, en el buen español de los filibusteros franceses e ingleses: "¡Los piratas, los piratas, atacan los piratas!", lo cual era verdad, porque señalaban hacia el punto donde ellos mismos habían atacado, mientras Negro Miel, para que no le vieran la negra cara, la tapaba con las manos envueltas en vendas, gritando como si el demonio le estuviera picando los ojos, fingiendo una herida que ni tenía... ni tendría, porque salieron los hombres bien armados corriendo hacia donde se les señalara, un poco tierra adentro, mientras los demás barcos piratas, recibida la señal convenida, entraban en la bahía, se apoderaban de la Fortaleza, rendían a la población y cerraban la entrada a la ciudad con tan fuerte ejército que Negro Miel no oyó un solo estallido de pólvora: los hombres armados corrieron hacia Champotón por más refuerzos, viéndose pocos para enfrentar el ataque filibustero. Desvalijaron apresuradamente la iglesia de la ciudad, tomaron el Palo de Campeche, lo habían embodegado, así como cargas de cazabe y algo de oro que habían conseguido arrancar a los ricos más pusilánimes, y subieron a sus barcos, felices de haber ganado botín sin mayor esfuerzo, justo cuando llegaban los hombres de armas con tantos refuerzos que sería imposible reducirles.

Más sangre vio Negro Miel en el piso de la cubierta del barco negrero derramada para librar de las cadenas y echar al mar al viejo mutilado, que en el asalto a Campeche, pero, en cambio, de su segunda y última expedición no me quiso contar nada, explicándome que había cosas que era mejor no repetir y que, por otra parte, bastante iba a tener yo de eso si me quedaba en Tortuga, porque, aunque él no había vuelto a participar en ninguna expedición, podría llenar la isla de tinta, si ésta fuera de papel, con narraciones de atrocidades y violencias de los Hermanos en la persecución de sus botines. Y todo, ¿para qué? —agregaba siempre Negro Miel—, si los Hermanos, siendo como eran gente buena, sabían de sobra que los bienes son poca cosa, puesto que los despilfarraban en menos tiempo del que a él le llevaba contármelo, en excesos que un muchacho de mi edad no debía oír.

Hubo otras cosas que tampoco me platicó. Una de ellas, de haberla hablado antes, me hubiera ahorrado mucha vergüenza, y enojo a las mujeres de La Casa de Port Royal, pero la única mención que hizo de burdeles no fue en ese sentido, y se le escapó en sus últimas palabras. Porque Negro Miel enfermó (o pareció que enfermó), y, negándose a aceptar sus propios medicamentos, se consumió aceleradamente ante mis propios ojos, para mi desesperación y tristeza, argumentándome que ya había llegado su hora, sin explicarme sino hasta el final por qué, cuando me dijo:

"Me voy. Sé que debí hacerte huir con los filibusteros y no dejarte en manos de quien no sigue la Ley de la Costa. Pero no te abandono, Smeeks. Mi muerte no es natural. Para el veneno que me dieron no hay remedio. Mi sangre queda trunca. Yo no sembré la tierra con otra de mi estirpe. No di a nadie la sangre del conocimiento, pero a ti te he enseñado todo lo que se puede aprender. Negro Miel te pide, ésta es su última voluntad, que siempre lo recuerdes, para que mi estancia en la oscuridad de la tierra no sea toda desolación. Por tus recuerdos entrarán a mis sombras lo que vean tus ojos, y cuando tú mueras lo que vean tus hijos y los hijos de tus hijos, porque a ellos les hablarás de Negro Miel y me recordarán sin haberme conocido, como yo recuerdo a mis padres, a los padres de mis padres y a los abuelos de ellos. ¡Légame tu sangre a mí, que desparramé mi simiente entre Hermanos y en burdeles de Port Royal, sin reparar en que llegaría mi muerte! Y respeta la Ley de la Costa encima de otra Ley."

Traté de darle serenidad con mil y un palabras y muestras de afecto nacidas de la mayor sinceridad. Y le hice un juramento al que aún soy fiel y que me permite narrar a ustedes mi historia: *Te recordaré siempre, y de tener hijos a ellos les hablaré de ti y ellos a sus hijos, pero si no tengo descendencia, te prometo, Negro Miel, que yo venceré a la muerte en nombre de tu memoria, y yo mismo, con estos ojos que te ven morir, estos oídos que te escuchan y este corazón que te ama, te recordaré siempre.*

Tres

Es fácil adivinar, sin que yo lo diga, el dolor y la desolación que me causó la muerte del Negro Miel. Creí perder con él la capacidad de sobrevivir. Me flaquearon las fuerzas, recrudecida mi debilidad por los palos del amo, enfermé. Lo que no tardé en ver era que no era falsa la frase de Negro Miel, *No te abandono, Smeeks*. No, ni muerto me abandonaba. La enfermedad que me trajo el dolor de su desaparición hizo que mi amo decidiera venderme para no perder las monedas con que me había adquirido, como si no las hubiera ya desquitado, con creces, porque en tan poco me había comprado a la Compañía que medio muerto me vendió en más, aunque no en tanto como hubiera podido hacerlo de encontrarme sano o por lo menos no tan enfermo. Mi estado era deleznable, y estoy seguro nadie hubiera tirado su dinero para adquirirme sino Pineau, el noble y generoso Pineau, que gastó setenta piezas de a ocho en uno más muerto que vivo.

No tardé más que lo que me llevó recuperarme, con los cuidados fieles de mi nuevo amo, en saber que Pineau deseaba que yo supiera que él era enemigo de la esclavitud de los blancos y de los negros y de los matates por considerar bárbaro atropello traficar con personas como si de cosas se tratara, que siendo como era enemigo de lo propio y lo ajeno deploraba doblemente alguien creyera ser dueño de una persona, que había pagado al teniente general de la isla las monedas convenidas por mí no por ser dueño de Smeeks sino por Negro Miel, y cuando le pregunté que por qué por Negro Miel, me contestó que yo aún era muy joven, que no debía explicarme, y como insistí dijo llevar una década tratando de que Negro Miel compartiera con él sus conocimientos, que le había ofrecido, primero, su interés, lo que no era poca cosa, porque Pineau era el cirujano más apreciado en la isla y el único que lo había sido antes en Europa, después intercambiar conocimientos, a lo que Negro Miel había contestado *Olvida eso, Pineau, yo no soy carnice-ro, no quiero aprender de tus tijeras y tu cuchillo, no me gusta hablar con esas cosas*, y no le había ofrecido oro o monedas porque sabía que además de ser inútil se enojaría con él Negro Miel, pero sí cuanto objeto cayera en sus manos que le pareciera pudiera ser atractivo para Negro Miel, como el vaso que al morir él me había yo quedado, un vaso de vidrio de Bohemia que representaba en colores a un hombre con un cinto del que pendía su caza, liebres blancas, pardas y grises que lo miraban con los ojos abiertos, y entre ellas, en la misma posición, una mujer mirándolo también (al cazador), como las liebres desnuda, mientras el hombre altivo, altanero, detenía con una mano la espada y con la otra un arma de fuego, vestido como un caba-llero, un sombrero de plumas y finas medias, escena de colori-dos vivos y con un par de leyendas, por las que Negro Miel me dijo un día:

—Tú que ves, y lees y escribes, lee qué dice ahí.

—No puedo leerlo.

—¿Por qué no has de poder?

—Porque está en una lengua que escasamente comprendo.

—Lo mismo me pasó a mí con ese objeto, cuando lo tuve en las manos y oí de Pineau su descripción, supe que era un obje-to hecho de algo que escasamente comprendo, ¿para qué car-garla a ella ahí? Por su culpa el cazador va más lento.

En cambio a mí, me dije, que no soy vidrio fino de Bohemia, como sí lo es Pineau, Negro Miel me regaló sus conocimientos, y así Pineau me compró, salvándome porque yo era el libro es-crito de Negro Miel. Descubriría con el tiempo que había otra lealtad entre él y Negro Miel y que aunque tal vez le interesara la sabiduría africana no iba jamás a echar mano de ella, que me había adquirido por un motivo distinto al que él me confesara.

No era Pineau el único que sabía de mi nexo con Negro Miel. En cuanto me recuperé de la enfermedad, que no era más que tristeza y debilidad, pero que me hubiera matado de no aparecer Pineau en mi vida, un mensajero llegó con un es-crito para Pineau. En cuanto terminó de leerlo, me dijo *Vamos, y carga con todos tus remedios* y partimos hacia Jamaica, isla que yo no conocía.

La ruta a Jamaica me pareció entonces de una excepcional belleza, porque era la primera vez que yo veía la salida de Tortuga, la playa de Basse Terre donde Cayona está asentada, la bahía que forma la barrera de coral, de aproximadamente doscientos metros, el canal que se abre entre los corales sumergidos por el que hay que entrar y salir con cautela y pericia, el color del mar, que, conforme dejábamos los corales que rodean Tortuga, se iba volviendo prodigiosamente traslúcido, como lo es, según lo supe después, en gran parte del mar Caribe. A la distancia, se subrayaba la peculiar geografía de Tortuga, montañosa y llena de peñascos, de vegetación exuberante y terreno pedregoso y abrupto, de grandes acantilados, de cuarenta kilómetros de largo y de ocho en su parte más ancha, pequeña en comparación con las enormes islas que la rodean. Dimos la vuelta a Tortuga y a Santo Domingo (sólo siete kilómetros las dividen), la Tierra Grande que había sido abundante en ganado cimarrón, reproducido con largueza debido al clima, multiplicando con mucho el pie de ganado traído por los primeros colonos, cimarrones que habían hecho —según me iba explicando ese día Pineau— la abundante caza de los bucaneros, y que, para deshacerse de éstos, los españoles la habían tratado de exterminar y casi lo habían conseguido, dejando tan pocos ejemplares que habían lanzado a los bucaneros al mar por comida. Los españoles, matando animales, se habían ganado sus peores enemigos.

—¿Y no queda ningún ganado?

—Algo hay, suficiente para que aquí y allá una partida de astutos bucaneros sobreviva, pero a los colonos no les es fácil cazar cuando se ven obligados por los ataques a refugiarse en el bosque.

—Como los jabalíes en Tortuga.

—Exactamente.

—Pineau, yo ayudé a envenenar perros.

—¿Sí? Espera que volvamos a Tortuga para ver algo que te hará entender mejor lo de los perros.

47

Y cambiamos la plática, sin regresar más a lo de los perros. De regreso a Tortuga, cumplió con lo que me dijo. Caminando hacia el norte, me llevó a un pozo enorme, como de treinta metros de profundidad por cincuenta de diámetro, llamado por algunos Grutas de la Llanura. Descendimos desenrollando cuerdas y ayudándonos con las raíces y las ramas de los árboles que brotan de las paredes. Llegamos al fondo, el pozo se ensanchaba formando una galería de altos techos cubiertos de estalactitas. Ahí estaba lo que Pineau venía a enseñarme: algunos aún con sus largos cabellos y restos de ropas (enaguas las mujeres, los hombres sólo cintas bordadas), reposaban decenas de esqueletos de indios caribes, sin huella alguna de carne, indios que, según me explicó Pineau, huyendo se escondían en las grutas y que preferían permanecer ahí y morir de hambre y sed, que salir y morir emperrados. Cuando los colonos vieron exterminada toda la población aborigen, soltaron libres a los perros que habían hecho traer de Europa, por salir de la carga de alimentarlos, y éstos se reprodujeron con tal intensidad que llegaron a casi eliminar los jabalíes de los bosques de Tortuga, de modo que el gobernador hizo traer veneno de Francia y, como yo bien sabía, si con mis manos lo había hecho, abriendo algunos caballos en canal, los envenenó para que los perros se envenenaran con ellos. Murieron por cientos con tal estratagema, pero no se consiguió erradicarlos, como era la intención de D'Ogeron, y seguían siendo merma de la caza natural de Tortuga.

Cuando llegamos a Jamaica, el mensajero nos hizo caminar apresurados por las calles de Port Royal. Yo no conocía ciudad más rica ni más vistosamente engalanada, de coloridas casas de piedra y madera, con flores adornando aquí y allá, fuentes y jardines y rotondas, tan diferente a las calles lodosas y los edificios grises de mi ciudad natal y a las parcas, severas y tristes de Tortuga. Parecía hecha para la fiesta, Port Royal, y las mujeres cruzaban, riendo descaradamente, las adoquinadas calles, muy adornadas con finas telas, sombreros, medias que coquetamente dejaban ver sus cortos vestidos... Para un joven como yo, traído de la pobreza a la esclavitud, Jamaica parecía Jauja y hadas de alegría y bien sus hermosas mujeres. Así que el mensajero tiraba para que nos apresurásemos y mi cabeza jalaba para que nos quedásemos, porque los ojos se me iban entre tanto color, tantos escotes, tantas flores y fachadas de vivos colores y tobillos desnudos o cubiertos por delgadas medias...

Por fin llegamos a nuestro destino. Era, tal vez, la casa más imponente de todo Port Royal, alta como una iglesia, rodeada de un hermoso y esmeradamente cuidado jardín, habitado por flores, pavorreales, faisanes y patos, con estanques en los que nadaban cisnes pequeños, de cabeza y cuellos negros y una raya blanca sobre los ojos. ¿Qué era este palacio al que habíamos sido traídos? No tomamos la entrada principal, sino que bordeamos la casa hacia su costado izquierdo, desde donde se veía el foso profundo en que languidecía inmóvil, bajo el rayo de sol, un animal enorme, aplastado como serpiente, pero con fauces como de lobo, al que, según me dijeron, había que llamar caimán, y éste, en particular, el caimán del templete, porque parecía puesto ahí para proteger al que adornara este lado del jardín con sus también vivos colores, asombrosos en el templete de reminiscencias romanas.

Entramos por la puerta del costado izquierdo a una sala (no sabía yo que ésta era "una pequeña salita" de La Casa) ricamente amueblada, con cortinas y tapetes finos, un candil al centro, la mesa laqueada... No alcancé a revisarlo todo cuando la Señora entró. ¡Cómo lamento, aún, haber perdido el tiempo de mi trayecto y mi llegada sin preguntar para qué había sido requerido! Siempre es así mi carácter: presto atención a lo que no debiera, me entretengo observando los detalles y dejo escapar inadvertido lo más importante; mirando las pequeñas cosas, desarticulo el todo que conforman...

La Señora pidió hablar a solas conmigo, y el mensajero y Pineau salieron de la sala.

—Nos ocurrió otra vez, de nuevo a la luna llena, al mismo tiempo todas, y he tenido que —me dijo y aquí rompió a llorar— cerrar La Casa porque ninguna puede trabajar. Además, todo se nos va en llorar y pelearnos, porque ahora no hay quien no se ponga susceptible con la llegada del Tío Rojo, y ahora no hay Negro Miel que nos ayude... ¡Imagínese! Si ya nos pasó este mes, nos pasará el siguiente y el siguiente y el siguiente... ¡Y si llegan —no paraba de llorar, estaba realmente acongojada—, y si llegan con gran ganancia uno de esos días los perderemos a todos! ¡Es nuestra ruina! ¡Haz lo que Negro Miel, te lo suplico! Dicen que a ti te lo enseñó todo... Cámbianos el día, como él hizo, para que a unas las visite en una fecha y a otras en otra, y así!... ¡Esa maldita luna llena...! Quítanos a todas ese ritmo, porque si cae en luna llena, como bien lo sabía Negro Miel, nos trae dolores, inflamaciones, y nos revienta los nervios. ¡Esto no puede ser! La servidumbre no se da abasto lavando lienzos. El agua del estanque de atrás parece un río de sangre, ven...

Me tomó de la mano y salimos de la sala hacia el patio interior. Yo no salía de mi desconcierto. No sabía de qué me estaba hablando, no entendía nada, y ella no me daba tiempo de pensar porque hablaba de otra cosa, contándome cómo había sido su vida cuando fue amante del pintor francés. ¿Cuál río de sangre?, me pregunté cuando lo vi ante mis propios ojos, las esclavas negras tallando en las piedras de lavar grandes lienzos cubiertos de sangre que despedían un olor que yo ya conocía, sin recordar bien de dónde, allá atrás, cuando era niño... Ella no me soltaba de la mano ni dejaba de hablar, *si no traes suficiente medicamento, regresa antes de que pasen las semanas, por favor, así te cobras también tus servicios con la que escojas de nosotros, si quieres conmigo, o con la que prefieras, y puedes venir siempre que quieras, como vino siempre Negro Miel... siempre, hasta antes de conocerte, porque entonces ya no nos tuvo fe...* No resistí, o mi torpeza no resistió la necesidad de mostrarse, porque bien pude haber cerrado la boca y aunque la visión de tal río de sangre me clavaba los pies al piso, porque yo aún no tenía tratos con la sangre, tirado por la mano de ella pude haberme dejado guiar sin abrir la boca, pero dije:

—¡Quién les hizo eso! ¡Dónde están las heridas!

—¿Las heridas de qué?

—¡Las de la sangre!

La Señora me llevaba suavemente de regreso al interior de La Casa, aturdida también, y sin intentar calmar mis aspavientos me hizo subir las escaleras. No sé en qué momento me quedé en silencio. Mi voz las había convocado a todas. Estábamos en una alcoba inmensa y ellas me rodeaban, pasando de una a la otra en murmullos la frase que me definía, es el de Negro Miel, la mayoría en prendas interiores y con los cabellos sueltos, como si fuera medianoche aunque fuera mediodía, hasta que, cuando reinicié mis preguntas estúpidas ("¿quién es la herida?" o "¿dónde están las heridas?" o "¿para qué me llamaron a mí? Traigamos a un hombre armado que las vengue"), la Señora que me había subido las escaleras gritó *¡Éste no sabe nada!* entre enfurecida e histérica, y algunas estallaron en risas, otras a llorar, otras dieron media vuelta, y una chiquita, tan joven como yo, de profundas ojeras, me acercó su cara para preguntarme:

—¿De veras no sabes?

—¿Qué he de saber?

—Lo del Tío Rojo. ¿No te lo enseñó a domar Negro Miel?

Dije que no con un gesto de la cabeza, y las que restaban en la alcoba empezaron a hablar entre sí:

—¿Se lo habrá enseñado con otro nombre?

—Pregúntale.

—Oye, tú, ¿cómo le llamas a lo que nos visita todos los meses a las mujeres?

Yo no entendía nada, y no sabía qué hacer, entre avergonzado y humillado, al borde de las lágrimas. Entonces entró Isabel, perfectamente arreglada y vestida como para una fiesta, rubia y enorme, y preguntó:

—¿Es él? —como si hubiera otro hombre en la habitación con el que pudiera confundirme. Se me acercó, y sin sentarse ni aproximarse a mí, como si yo le produjera ascos, sin mirarme a los ojos, me explicó, presentándose:

—Yo soy la mujer con la que solía dormir Negro Miel, si no le daba la gana acostarse con otra. Lo que necesitamos es que nos traigas el remedio de la yerba suelta. ¿Lo conoces?

Asentí con la cabeza. Me había quedado mudo.

—¿Lo sabes preparar?

Volví a asentir.

—Vete a tu isla, encuentra la yerba, prepárala, y vuelve para dárnosla, escalonada, como hacía él para quitarnos la visita simultánea. Y de paso busca alguien que te quite lo pendejo.

Dio la media vuelta para irse. Antes de salir de la alcoba, giró la cabeza, y con un guiño coqueto agregó, bajando el tono imperativo de sus frases:

—Si allá no hay quien te lo quite, no te preocupes. A tu regreso nosotras te explicamos todo.

Regresé, por supuesto, apenas tuve listo el remedio. Isabel se encargó de explicarme qué corresponde a un cuerpo de mujer. No diré que haya sido para mi agrado. Yo tenía que hacer lo que hasta entonces sólo me habían hecho a mí, lo supe cuando Isabel pasaba apresurada en mi ropa sus manos y acomodaba las mías, atolondradas, en su espalda y en sus dos pechos, provocando en mí un estremecimiento radicalmente distinto al que un día provocó otra teta en mi palma, y tan radicalmente distinto que en una zona oscura se igualara. Sobrevino la erección, lo que sólo me había ocurrido a solas, y sin que yo lo deseara me vi adentro de su cuerpo. Agité mis caderas como las agitara contra mí Negro Miel y no pude evitar pensar en él y romper a llorar al tiempo que confusamente mi verga rompiera en agua adentro de Isabel. No, no fue grato. Sentí que mi llanto se sumaba al río colorado que había nacido en los lienzos, y pensé en el clérigo que me enseñara a leer y que por primera vez usó mi cuerpo y recordé el dolor... Todo en el mismo instante, cuando aún estaba yo adentro de Isabel, vaciándome, y en el mismo instante, también, pensé que la aversión por la mujer no incluía a Ella, sí, pensé en Ella otra vez... Pensé que su cuerpo jamás exudaba el rojo maloliente, pensé que ya no lo usaba nadie, pensé que lo habían usado muchos, pensé que Ella y yo juntos haríamos otra la ceremonia de la carne y empecé en el mismo instante a fabricar el culto erótico por Ella, un nuevo oculto ritual que sólo con Ella podría compartir y que, como se hizo, se desbarató sin que yo me diera cuenta.

Supe administrar la yerba cada que fue necesario, porque la convivencia y la luna las inclinaban a menstruar los mismos días, y, después de errar las primeras veces, encontré qué darles para evitar los cólicos y las hemorragias dolorosas, así como las inflamaciones, aunque nunca fui, como un día lo fue Negro Miel, conformación de La Casa, porque no fui cirujano en tierra sino que practiqué mis conocimientos en las expediciones filibusteras, aunque, como Negro Miel, regué en ella, cuando no en un hombre, parte de mi escasa simiente (a decir verdad, pocas veces bastaron para vaciármela), y aprendí a provocar (Isabel recordaba también el nombre del remedio) la aparición del Tío Rojo en aquellas que temían se les hubiera retrasado por amenaza de embarazo, y desde que yo me hice cargo hasta que Port Royal, como una nueva Sodoma, fue barrida de la faz de la tierra por una gigantesca ola —deseando limpiar de vicios y fiesta perpetua la costa de un mar traslúcido, limpio, radiante—, no hubo un solo vástago engendrado en La Casa.

Cuatro

Puede que la curiosidad haya ardido algún día en Pineau. Lo que yo veía ahora era que Pineau no tenía la prisa que provoca el ardor de la curiosidad viva; con calma, Pineau iba sacando de mí información lentamente, preguntando las más de las veces mucho más de lo que yo podía contestarle acerca de las artes de Negro Miel y a veces no queriendo saber nada de lo que yo sí conocía. El libro que decía haber encontrado en mí tenía pocas páginas escritas, y las más de las veces incompletas o borrosas. Lo que yo sentía es que yo era más bien la sombra de lo que un día supo Negro Miel, y no se podían leer en mí sus rasgos, pero tal vez lo que él quería hacerme sentir es que la sabiduría de Negro Miel tenía mucho de ilegible a sus ojos, y que era en sí manca o incompleta. Lo que es muy cierto es que por cada información que obtenía Pineau de mí, él me retribuía con cientos. Puso en mis manos el tratado *Brième collection de l'administration anatomique* de d'Ambroise Paré y cuando ante mis propios ojos practicaba las curaciones, yo tenía que acercarle, con las mismas manos con que sostenía el tratado de Paré, las vendas que había preparado, las tijeras y los cuchillos que había afilado, y los cinceles, el bisturí, y limpiaba de sangre la mesa en que operaba al enfermo. Me explicó que Paré había abolido la costumbre de tratar con aceite hirviendo las heridas por arma de fuego, y que había sido el primero en practicar la sustitución del hierro candente por la ligadura arterial en las amputaciones, pero no me dejó aplicar sobre su mesa de cirujano ninguno de los remedios de Negro Miel, ni el que conocía para bajar el flujo de una hemorragia en una herida, desaparecer el dolor, dormir una persona, bajarle la ira, subir el ritmo de su corazón... ¿Por qué no me lo permitía? ¿Para qué —yo me preguntaba— quería entonces los conocimientos de Negro Miel, si no era para usarlos? Se lo pregunté y no me lo contestó, él, que tanto hablaba y que tanto parecía ansioso por enseñarme, como si hubiera querido al heredero de los conocimientos de Negro Miel para que los olvidase, ahogadas mis facultades en aprender los rudimentos del que asiste a un cirujano y en hacer sus rutinas, cuidar de la cocina, de la pequeña hortaliza que teníamos atrás de la cabaña, limpiar su ropa de las manchas de sangre (*soy un cirujano y no un bucanero*) y, lo más atractivo para mí, acompañarlo en sus expediciones por la isla, para las cuales tenía tiempo cuando no era el regreso de alguna expedición filibustera, porque regresaban o malheridos o malcurados de las batallas, maltratados por los barberos improvisados que traían a bordo. Con gran desagrado, vi por primera vez cómo abría el cirujano la piel y los músculos, rastreando los órganos en busca de una bala. ¡Más fácilmente se hizo a la sangre cualquier filibustero, empujado por la excitación de la lucha, peleando para defender su propio cuero, que yo, entre las palabras de Pineau, endurecidas mientras golpeaba contra un hueso o mientras jaloneaba con la dureza de algún músculo que se le resistiera (*la cirugía hace al hombre su propio amo o un cirujano debe defender la libertad del hombre o su libertad de culto y pensamiento*)! ¡Sus cálidas, hermosas palabras, se veían endurecidas, desde mi estupor, cuando las bañaban los lamentos del enfermo o el chisguete de sangre o la pierna que por fin yacía cortada junto al torso maloliente del paciente que parecía deshacerse en la sangre que brotaba! *La cirugía es el arte que el hombre practica sobre el cuerpo de sus hermanos para hacerles el mal más soportable; la cirugía hace humilde a quien la practica* (squish, squash, squish, oía yo al cuchillo entrando en el músculo, squish, de pronto ya no se le resistía) *porque el hombre libra en ella* (metía entonces Pineau entre la carne rota la mano) *la batalla imposible contra la muerte, y ésa es batalla que ennoblece* (removía la mano adentro, jaloneando) *porque el enemigo vence siempre, tarde o temprano, pero siempre; nuestra vida está hecha de la muerte de otros, en la materia muerta la vida insensible permanece y reunida a los estómagos de los seres vivientes resume la vida, la sensual y la intelectual; la medicina es la restauración de los elementos discordantes; la enfermedad es la discordia de los elementos infundida en el cuerpo viviente; los poderes son cuatro: memoria e intelecto, apetito y concupiscencia. Los dos primeros pertenecen a la razón, los otros a los sentidos. El mayor bien es la sabiduría, el mal superior el sufrimiento corporal. Lo mejor del alma es la sabiduría, lo peor del cuerpo es el dolor.* Cuando practicaba como cirujano, se le agudizaba la inteligencia y pensaba con gran claridad, escalando a alturas que yo no comprendía: ¿no me hablaba del espíritu y de los mayores ideales batiéndose en la oscuridad que encierra la carne, embarrándose en la ciénaga de las bajezas del cuerpo? Las distracciones que rodean voraces a nuestra inteligencia cuando asoma eran aquí atraídas por el aroma abyecto de la carne abierta a cuchillo, de modo que entonces la inteligencia de Pineau asomaba soberbia, sin que nadie pretendiera detenerla, libre mientras sus manos jaloneaban con tendones, tratando de controlar arterias, sosteniendo, palpando, un riñón contrahecho por el estallido de la pólvora... ¡Sus palabras eran duras, como muros, como escaleras, duras de tan ciertas!

Cuando veíamos, en cambio, los sorprendentes atardeceres de Tortuga, las palabras de Pineau caían al piso, sin luces, como si apenas apuntaran, sin ímpetu, sólo señalando, haciendo trazos burdos, con pasos inseguros, mofletudos:

—Nunca tuvo Francia un cielo como éste.

(Yo, ¿qué podía decirle? No tenía discurso para contestarle. Decidía remedarlo, para intentar seguir el ritmo de la plática.)

—No, Pineau, nunca.

—Nunca tuvo Francia un mar como éste.

—No, nunca.

—Aquí la tierra parece recién creada.

—Sí, recién hecha.

—Parece haber sido creada después.

—Sí, aquí la tierra fue creada después.

—Pero, ¡cómo te atreves, Smeeks, a decir eso! El séptimo día Dios descansó, y no dicen las Sagradas Escrituras que haya vuelto a la labor de hacer tierras... ¿De dónde lo sacaste?

—Yo repetí lo que usted dijo, Pineau.

—¿Qué dices? ¿Cómo iba yo a decir eso?... ¡Mira! ¡Un ave extraña!...

Era igual a todas las garzas que abundan en la costa de Tortuga, con un pescado colgando de su largo pico. Pineau sólo quería distraerme con su comentario para poder empezar otra vez con su *No tuvo nunca Francia*...

Tal vez la fascinación que él sentía por esas tierras era lo que lo llevaba a pasear de un lado al otro de Tortuga, de una a otra de las partes accesibles de Tortuga. No eran exploraciones, Pineau andaba adonde ya había andado otra y otra vez, y encontraba novedad en las formas de los animales y de las plantas, en la calidad de la tierra, en los insectos que atrapara para observar no sin mi miedo y mi repulsión. Atrapaba mariposas, arañas —algunas tan grandes como la palma de mi mano—, moscas de mil maneras... Después las observaba, tantas horas como si ellos fueran a descifrarle los misterios de la bóveda celeste, como si cantaran la música de los astros, como si hablaran con palabras que Smeeks no oía, hasta ese momento sordo para las formas de vida de esas tierras.

Por Negro Miel y Pineau yo me hacía errónea idea de los habitantes de Tortuga. Mi cruel amo anterior me parecía la excepción. Aún no sabía yo que en Tortuga no había precepto, que cada hombre parecía fabricado con un molde único y que la crueldad era la llaneza en un mundo flotando en sangre, porque pronto supe que era la sangre, y no el agua, quien mantenía en medio del mar a flote a Tortuga.

Cinco

No era necesaria la daga para liberarme del servicio a Pineau. Hacía semanas me había ofrecido la franqueza a cambio de cien pesos, pagaderos cuando yo pudiera dárselos, sin exigirlos en fecha precisa y yo esperaba el momento de enrolarme en la siguiente expedición filibustera a la cual ya se le había avisado que contarían con un alumno de Pineau como cirujano a bordo, para beneplácito de L'Olonnais y enojo de Pineau que me pedía esperara otra partida, porque a pesar de ser incondicional de los Hermanos de la Costa (y más, según me enteraría yo después), no quería verme el corazón tinto con la sangre que a borbotones surtía en cualquier expedición comandada por Nau, L'Olonnais, a quien ya presenté al empezar el libro, hombre de quien Pineau creía habían dejado enfermo los golpes propinados en la cabeza por su amo bucanero, porque tanta sed de sangre no puede ser sino rara enfermedad, como la que Don Hernando Cortés confesara padecer a Montezuma, creyendo mentir cuando decía sabia verdad, que su enfermedad se aliviaba con el oro, como la de Nau se alivia momentáneamente con la sangre, sólo para pedírsela de inmediato en mayor cantidad. Pineau no tenía de su propiedad negro alguno o matate o blanco, y para auxiliarse en su trabajo de cirujano y en la comida diaria solía contar con algún joven matelot, así que su ofrecimiento de franqueza fue un motivo más para crecer mi agradecimiento por él, porque me había hecho su brazo derecho, y si él se soltaba de mí con tan generoso desprendimiento era porque en él vivía un alma buena. Lo que no me cabía en la cabeza, al ver su cuerpo tendido en el piso de la cabaña, era que alguien hubiera deseado su muerte. ¿Quién podía desearle el mal a un hombre como él, que no intentaba imponer nada a nadie, que no ambicionaba lo de otro, que no tenía más riquezas que sus anhelos de libertad de culto y de pensamiento?

Aunque debí hacerme preguntas antes de verlo inmóvil con la daga enterrada en las carnes y de verme a mí, de rodillas, tratando de curar, coser, suturar las heridas, de contener la incontenible hemorragia, llorándoles a los dioses de Negro Miel y suplicando al Todopoderoso que no dejara morir al gran Pineau. Debí preguntarme qué hacía un hombre como él en las Antillas, territorio donde vencía el más fuerte, engañaba el más mentiroso, triunfaba el más astuto, pero no donde la nobleza y la inteligencia tuvieran el espacio y el tiempo que necesitan para dejar caer su gota indeleble, visible como gota de aceite y como ésta calmada, transparente e inútil. Debí preguntármelo y no contestarlo a la ligera porque en tal caso me hubiera dicho "se alejó de Europa buscando vivir donde hubiera libertad de pensamiento. Él vive en Tortuga para que nadie le impida ser hugonote, puesto que aquí no hay más ley que la fuerza". Sin lugar a dudas había escogido Tortuga porque quien había creado el fuerte de la isla, quien la había hecho inexpugnable centro para el contrabando y refugio perfecto para los filibusteros, el ingeniero que había ideado ese orden en la isla, había brincado a ella de Santo Domingo acorralado, expulsado de Tierra Grande por ser un hugonote. De Le Vasseur, Pineau me habló mucho, no sólo acerca de cómo y con qué ingenio levantó el fuerte de Tortuga, convirtiendo a la isla en un punto clave en el comercio de las Antillas, y en el de las Indias Occidentales con Europa. Pineau me relató de él mil y un anécdotas. Las más retrataban a Le Vasseur como un buen hombre, otras como un tirano inclemente. De las primeras recuerdo la anécdota de la virgen de plata, raptada por los piratas a un buque español, la prenda más preciada entre su cargamento. El teniente gobernador de Santo Domingo, De Poincy, quien había echado al hugonote a Tortuga, sin imaginar que él fuera a robustecerse en su aislamiento y sin leer en Tortuga la gloria que le descubrió Le Vasseur, manda pedir a éste la virgen. Le Vasseur envía de regreso una réplica tallada en madera, con un mensaje escrito que hiciera leyenda: *Presto a ejecutar su orden, recordé que los católicos, por ser tan espirituales, no aman la materia, mientras que nosotros, hugonotes, como usted bien sabe, preferimos el metal, motivo*

por el cual mandamos a hacer para su merced la réplica de madera y
guardamos para nosotros la de fina plata.

Le Vasseur había mandado en Tortuga más como un rey que como un gobernador. Durante los doce años en que lo fue, persiguió con rigor inflexible las más leves faltas de los habitantes de Tortuga. Inventó una máquina de tortura terrorífica, El Infierno, por la que hacían pasar a quienes cumplían prisión en El Purgatorio, prisión del fuerte de Tortuga. Quien cruzaba El Infierno quedaba marcado para siempre.

Este tirano calvinista hizo de la isla plaza de armas, escogiendo el mejor y más ventajoso lugar para emplazar un fuerte a poca distancia del mar, una plataforma rocosa, alrededor de la cual construyó una serie de terrazas regulares, capaces de alojar hasta cuatrocientos hombres. En medio de esta plataforma, se erguía la roca treinta pies, en montículo escarpado por todas partes, formación que era muy habitual en la isla. En este montículo, construyó peldaños sólo hasta su mitad, y para subir más usaba una escalera de hierro que retiraba a su conveniencia, de modo que aislaba a voluntad su habitación y los almacenes de pólvora. De la base de las rocas, brotaba un chorro de agua, grueso como el brazo de un hombre, e inagotable. No solamente puso empeño en la fortificación. También se encargó de la industria (azúcar, destilación), de la agricultura y de la buena administración y regimiento de su territorio, aguardando prudente y tranquilamente en Tortuga al producto de la piratería para comerciar, y jamás incursionando en Tierra Grande, como haría De Fontey, sucesor suyo, fieramente atacado por los españoles.

Le Vasseur murió asesinado por dos ahijados y protegidos suyos a quienes tenía declarados sucesores de su fortuna por el cariño que les profesara: Tibaul, que mantenía a una bella prostituta (continuo motivo de pleito con Le Vasseur) y Martin. Una mañana, cuando bajaba Le Vasseur a sus almacenes, lo recibieron sus dos protegidos con ocho hombres más para atacarlo, primero con disparos de mosquetón que erraron el blanco por confundirlo con su imagen en el espejo que él había hecho traer (para que fuera de vidrio y fiel) directamente de Murano, en un capricho que nadie le comprendió, pero que lo salvó por un momento de la muerte. Al oír las balas, Le Vasseur corrió hacia el negro que portaba su espada para protegerse, escapando del espejo y haciéndose blanco real, lo interceptó Tibaul y lo mató a puñaladas. Antes de morir, reconoció a su amado asesino y, sorprendido, repitió la frase de César a Bruto: ¿*Eres tú, Tibaul, quien me matas?*, y Tibaul, como si tal frase lo desarmara, depuso el gobierno en De Fonty, enemigo de Le Vasseur, su protector y víctima, abandonó a la prostituta dejándole cuanto ahora era suyo por herencia de Le Vasseur, y pasó el resto de su corta vida en un infierno comparable al Infierno, hasta que se echó una soga al cuello para acabar sus días.

Pineau no tuvo aire para decir una última palabra. Aquella noche no estábamos solos. Un aprendiz de cirujano, llegado ahí para relevarme en los servicios, se hospedaba con nosotros, y un filibustero a quien se le había podrido la herida en la rodilla, tal vez por una esquirla aún alojada en lo hondo; a la mañana siguiente exploraríamos con cirugía para saberlo. Había llegado casi de noche en los hombros de su compañero, envuelto en el fétido olor de la herida en mal estado, buscando auxilio y temiendo perder la pierna por la que ni siquiera recibiría pago porque el botín ya había sido liquidado.

Pineau y yo teníamos la costumbre de conversar hasta muy entrada la noche. Nos dormíamos temprano cuando íbamos a madrugar para emprender alguna de nuestras interminables caminatas.

Por las tardes leía y estudiaba los tratados de Paré mientras Pineau iba a las reuniones de la Cofradía, en las mañanas auxiliaba en alguna operación a Pineau y una que otra vez él me permitía meter mano mientras observaba y me hacía comentarios, o si no explorábamos todo el día o días seguidos, donde escuchando a Pineau aprendía yo a observar, a amar la naturaleza y a comprender la apariencia y la historia de Tortuga, que él conocía tan bien y de la que me hablara tanto.

Conversábamos a oscuras, siempre, y alguna que otra noche él me asía de las caderas para, arremedando a Negro Miel con Smeeks o a Smeeks con Isabel, usar a Smeeks. Un par de veces lo llevé con Isabel, cuando era el momento de administrarles algún remedio y no me sentía de humor para demandar mi pago, con objeto de que él se lo cobrase, pero parecía tan poco interesado como yo entonces en las mujeres, o tal vez sólo lo imagino, porque la verdad es que nunca hablamos directamente de las prácticas sexuales con ellas.

De las mujeres sí. Él era el más ardoroso defensor de su prohibición en Tortuga. Creía que la Hermandad de la Costa se vendría abajo si entraban las mujeres a la isla, que nacerían rivalidades, que sería imposible seguir prohibiendo la propiedad porque todos querrían a su mujer para sí como un bien intransferible y ellas a su vez sus cosas y sus tierras porque las mujeres no saben pensar en ningún bien moral, que ellas se encargarían de propagar la envidia, que ellas, ansiando vida cotidiana más complicada, infestarían la isla de esclavos inútiles, servidumbre de pacotilla que no traería más que problemas, y muchos más argumentos que no tiene sentido anotar por no venir al caso, excepto el de que si las mujeres servían para limpiar a los hombres de su simiente, igual podía servir, y mejor, el cuerpo de otro hombre, y el que no lo creyera, que lo practicara, que ningún mal hacía. Por otra parte, jóvenes no faltarían jamás en Tortuga, Europa se encargaría de parirlos allá y suministrárselos, y la isla no tendría que hacerse cargo de los niños.

No estábamos solos aquella noche, y no guardábamos silencio. Algo nos hacía reír... no recuerdo qué. Se borró la alegría de esa noche en mi memoria, como si las risas y carcajadas, que seguramente irritaban al filibustero fétido (aunque ya le había hecho yo una cura para adormecerle la herida, a espaldas de Pineau, y tenía la pierna más que dormida), no pudieran caber en la noche de su artero asesinato.

De pronto, un tropel humano irrumpió en la oscura habitación sin proferir palabra alguna. No eran dos o tres, calculo que debieron ser doce, quince... los que cupieran en desorden en la habitación. Cayeron apresurados sobre nosotros, sin que nos dieran tiempo de tomar nuestras armas para defendernos. Sin comprender qué ocurría, yo jaloneaba y gritaba a su silencio "suéltenme, qué hacen" o no sé qué demonios les gritaba.

Oí el pequeño grito sordo y corto de Pineau, y dejé de jalonear: supe, sentí, que habían venido a matarlo. Ellos, quién sabe quiénes.

Envenenamos a Negro Miel, como lo juramos. Ahora te picoteamos a ti, puerco... ¡somos vacas, vacas, vacas! y salieron gritando sus vacas, al tiempo que yo brincaba al cuerpo sangrante de Pineau y suplicaba a los dioses que le regresaran la vida, envuelto en lágrimas, tanteando un cuerpo cosido a puñaladas, un corazón que ya no caminaba más y deseando el aliento que ya no exhalaba su cuerpo inmóvil.

(Número aparte

No fue bautizado como Negro Miel sino como Negro Piedra. Atado a la noria por una larga tira blanca de tela enrollada al cuello, da vueltas noche y día. Esto desdice la veracidad de la historia, según la voy contando. Él, además, no es recio y corpulento, de macizo cuerpo bien armado; el movimiento le ha desproporcionado la figura, los hombros son exageradamente anchos, las caderas delgadas, las piernas grotescamente musculosas y el cuello, tal vez por el efecto que produce la tira blanca y larga, excesivamente largo y delgado, rematado en una cabeza redonda y pequeña.

Da vueltas a la noria; su mirada no tiene brillo; la cinta luce extrañamente blanca, como si estuviera limpísima, pero no es limpia ni está tan blanca, lo negro de la piel lo subraya.

Cuando necesitan de él, sueltan la cinta blanca soltándole las manos y haciéndolo girar sobre su propio cuerpo, no para desatarlo, sino para separarlo de la noria. No lleva ningún tipo de banda al pecho y nunca habló conmigo. Su poder está en sus palabras; tira al piso de tierra caracoles interpretando el presente y augurando futuros que siempre se cumplen.

Esta verdad destruye la veracidad de mi historia, de la que yo he ido contando. Pero no debemos fiarnos de esta apariencia, porque ambas son la misma, sólo que, en lugar de avanzar por su eje horizontal, la he cruzado de pronto hacia arriba, vertical, y he hallado esto. Créanlo. También es cierto Negro Piedra girando en la noria. Cuando lo descubrieron con dotes los suyos y los franceses, lo ataron a la noria para que no se les escapase, y ahí pasa Negro Piedra la vida, atado como mula para que la fiera que es él no huya.

Vertical, y no horizontal, como si la Señora en el prostíbulo La Casa no recorriera su cuarto de manera natural, horizontalmente, sino que encontrara cómo recorrerlo hacia arriba. Vería, en lugar del aspecto de elegancia y suntuosidad habitual, abandono y descuido: sobre el marco de que penden los cortinones, palomillas y moscas muertas, polvo, abandono y tristeza es lo que se ve desde allá arriba... Si ella describiera el cuarto así, sería otra la habitación que escribiera...

¿Y por qué he de compartir con el lector la mugre que he de limpiar a solas, que se ha de tirar porque, aunque pertenezca a la habitación, no es de la habitación? Porque, sin tu cercanía, lector, sin la cálida compañía de tu cuerpo, yo no hubiera podido cruzar hacia arriba, en sentido vertical, la historia, porque cuando tu cuerpo se acerca a mí, yo me abandono, me dejo ir, y en ese dejarme ir me sostengo para recorrer la historia en una dirección distinta, en dirección vertical... Así es cuando se acercan los cuerpos. La carne revela lo que ni los ojos ni la inteligencia pueden ver... A pesar de tu erotismo, firme y vigoroso, en el que me he dejado caer, como en el regazo de una hembra, meneándome hacia un lado y el otro como yo siento que tú me lo has pedido, sé que la veracidad está a punto de desbarrancarse, sé que puedo caer, deshacerme, irme al cuerno, y conmigo todo cuanto he descrito aquí, que juro, lector, es verdad tanto como tú lo eres o como lo soy cuando detengo con la mano la pluma para poner una vez más en tinta esta historia verídica que no debemos permitir se destruya, se convierta en su propio fin. Por esto, me prometo a lo largo de este libro no caminar en otros ojos de la historia, aplicarme al horizontal para que ustedes me crean, para que confíen, sepan que es veraz, veraz... Porque esta historia es lo único que yo tengo para creerme cierto.)

*

Fin de la primera parte, que trató del viaje de Smeeks hacia Tortuga, de su llegada a la isla y de cómo y con quiénes aprendió el oficio de médico y cirujano.

Segunda parte

que se desea más ágil, menos
amodorrada, en la que el
autor y personaje tratará
de salir de su natural
distracción, aturdimiento
y melancolía:

El cirujano entre los piratas

Uno

Roc el brasiliano corre por las calles de Port Royal absolutamente ebrio y armado hasta los dientes, disparando e hiriendo
aquí y allá, y blandiendo su espada sin que nadie ose oponerse,
ni en ofensiva, ni en defensiva. ¿Por qué?, ¿se han vuelto locos
todos?, me pregunto en La Casa, esperando a Isabel para hablar con ella porque necesito hablar con ella, si puedo hablar
con ella... Port Royal entero está en fiestas. Roc ha regresado
de tomar un navío que venía de Nueva España para Maracaibo
cargado con diversas mercaderías y un número muy considera-
rable de reales de a ocho que llevaba para comprar cacao, todo
lo cual disipan en Jamaica. Algunos de ellos gastan en una noche dos o tres mil pesos, con los que podrían vivir como señores durante años, y por la mañana no hallan camisa que sea
buena. Mientras espero a Isabel, veo a uno de ellos prometer a
una meretriz quinientos reales de a ocho por verla una sola vez
desnuda. La meretriz me lleva de la mano a la habitación mientras él nos sigue, tropezando, absolutamente ebrio y sin darse
cuenta de que yo voy con ellos. Me deja en un sillón al lado de
su cama, encima de la cual, de pie y sin dejar de reírse, se suelta el largo cabello y se quita lentamente la ropa, sin dejar de
mirarme a los ojos. Yo sí le retiro la mirada para clavarle los
ojos en su hermoso cuerpo. En sus pechos, en su vientre, en las
nalgas cuando gira a que la veamos toda a petición del cliente
ebrio. Algo veo en ella que la hace parecerse a Ella, algo extraño, porque ella está desnuda en su cuerpo de mujer y Ella estaba siempre vestida en su falsa ropa de hombre. En cuanto caigo
en la cuenta de esta rara semejanza, me sucede una violenta
erección que no disminuye mientras veo cómo el filibustero,
ebrio, la posee vestido, con el miembro afuera de los pantalon-
cillos, atrozmente imbécil y horrendo, con una torpe rapidez
que no explica por qué acaba exhausto sobre la cama y cae de

inmediato dormido. Hace ruido al respirar, casi un ronquido, un sonido silbante y rítmico. La prostituta, aún desnuda, se acerca a mí y me quita la ropa, toda. Ahí, en el sillón, nos acariciamos con lentitud y la poseo sin rastro de desagrado, ni de mi parte (por primera vez), ni de la suya. Imagino que ella es Ella y se lo digo y ella no entiende de qué hablo pero con su cuerpo, entregado, como si yo fuera la meretriz, participa conmigo de mi sueño oscuro.

No me doy cuenta cuándo eyaculo porque empezamos una y otra vez, como si no pudiéramos liberarnos el uno del otro. El ebrio ronca. Oigo que la llaman (¡Adèle!) y nos interrumpimos, como si de súbito no nos importáramos.

—Isabel no va a tener tiempo hoy para verte, no sé cuántos hay esperando pero son muchos. Vete a caminar, y regresa a dormir con nosotras. Podrás hablar con ella por la mañana.

Parecíamos dos amigos varones platicando en el sillón mientras nos vestíamos presurosos, liberados de la maldición de nuestros cuerpos.

—No digas nada a nadie de lo que me ha dado por mostrarme desnuda. Te lo pido. Quiero irme con ese dinero. Tengo algo más guardado. Voy a volver con mi tía y con mis hermanos. Me tuvo que vender. Voy a regresar con la bolsa llena, verás. No digas nada a nadie, te lo pido, no lo hables, no lo repitas. A él se le va a olvidar, y tendrá que pagar a la Señora, como si fuera un servicio normal, más el cambio de sábanas, porque seguro vomita. Sé bueno conmigo.

Le prometo ser bueno con ella aunque no sea Ella, y así se lo digo. Y que casi no huele a mujer y que le tengo aprecio por ello.

Salgo a la calle. No se escucha ya a Roc dando de gritos y disparando sin ton ni son. Un filibustero ha comprado una pipa de vino y poniéndola en un paso muy frecuentado, a la vista de todo el mundo, le quita las tablas de un extremo, forzando a quien pase a beber de él, amenazando con que, si no beben, les da un pistoletazo; me cuentan al aproximarme que otras veces ha comprado un tonel de cerveza para hacer lo mismo y que otras ha mojado con las manos llenas de tales licores a los pa-.

seantes, eche o no a perder los vestidos de los que se acerquen, sean hombres o mujeres. Una valla se forma antes de cruzar por el chorro de vino, y en torno de quien beba. Adelante de mí no hay nadie. Oigo las risas y las chanzas de quienes forman la valla. Me empujan a beber. Oigo los pistoletazos, sorrajados al aire. ¿Qué se han vuelto locos? Bailan a mi alrededor mientras el vino llega a mi boca y cruza mi garganta. Bebo boca arriba, mirando el cielo extrañamente azul, irritantemente azul, dolorosamente azul. Bebo, bebo, bebo, bebo. Siento mi cuerpo, extrañamente feliz, irritantemente feliz, dolorosamente feliz y completo, como si quienes lo hubieran usado hasta hoy o a quienes yo hubiera usado algo le hubieran arrebatado. Mi entrada al misterio oscuro de la carne, siento con el vino escurriendo también por mi cuello, me ha puesto al cuerpo en el lugar del cuerpo, y por primera vez en días no tengo ira, por primera vez desde la muerte de Pineau, y por primera vez en mis diez y siete años estoy por primera vez ebrio y por primera vez completo, en mis propios pies, tambaleando por las calles rebosantes de música, sumado a una fiesta en que todo se prodiga con liberalidad, escuchando historias aquí y allá que a mis narices inexpertas más huelen a fanfarronadas que a la sangre de que se dicen llenas, aunque más tengan de ciertas que mis propias narices en esta hermosa noche que empieza.

Dos

Guardé silencio, pero el silencio no bastó para proteger a Adèle, como el que me revelara los secretos del cuerpo no fue suficiente para que me sintiera atado a ella, como sí me sentí atado de mi Ella.

¿Qué es lo que hace que un cuerpo se *enferme* de otro cuerpo, lo necesite? ¿Cómo opera tal mecánica de los imanes? Ni porque ella me regalara generosa la excitación pródiga y revelación exquisita me sentí *enfermo* de ella. Incluso a veces es al contrario, la *enfermedad* o el padecimiento brota de que no haya entrega, de que no se produzca la entrega, de que no revienten juntos los cuerpos. Tendré que citar a Morgan, de quien prometí no hablar: después del asalto a Panamá, permaneció en tierra firme, mandando patrullas de doscientos hombres a traer botín de los alrededores. Uno de esos días, parte de la presa encontrada era una mujer de excepcional belleza y, según decían los suyos, gran virtud. Morgan se sintió atraído por ella, *enfermo* de ella, y ordenó se le diera trato especial, apartándola de los demás prisioneros y dedicándose a seducirla, con mucha y poca fortuna al mismo tiempo —mucha porque la mujer cambió la idea que tenía de los filibusteros y se preguntaba por qué le habrían descrito a tales hombres como seres brutos, salvajes y sin sentimientos, si eran seres finos, educados y sensibles; poca porque se negó a acceder a las insinuaciones de Morgan—. Lo natural en Morgan habría sido forzarla, como hacía con multitud de mujeres en los asaltos, pero *tocado* su cuerpo por esa mujer, insistió hasta que comprendió que era totalmente inútil y entonces dio órdenes de que fuera arrebatada de sus buenas ropas y encerrada en un calabozo inmundo donde recibiera poca comida y poca agua, pero que era cómodo y lujoso en comparación con el suntuoso lecho del pirata, ardiente por ella, hambriento de Ella, en sed desesperada de su cuerpo, enfermo de Ella, en tortura invisible por la pasión a Ella. ¿Qué tenía su Ella que trastornaba a un hombre acostumbrado a tasar a las mujeres en el rescate y en el inmediato provecho carnal que él y sus hombres arrebataban, casi sin mirarlas, en cuanta mujer cruzaba en su camino? Al abandonar la ciudad, o mejor, el lugar que ocupara la ciudad, porque ya todo estaba destruido, todo eran despojos o terreno sobre el que yacía aventado roto todo, pilas enormes de rotas cosas destruidas por la risa tragona de Morgan y los suyos (entre los cuales me encontraba), Morgan llevó consigo a la mujer, junto con los prisioneros por los que no había recibido recompensa, y a los que en despoblado rodeó con sus hombres, amenazándolos con matarlos en dos días si no llegaba a tiempo su reclamo.

Los correos iban y venían, pero el pago del rescate de los más era imposible. Si los alrededores habían sido peinados por las feroces patrullas de Morgan, ¿de dónde iban a sacar monedas cuando nada quedaba ya en pie y todo había sido saqueado?

El marido de la que había enfermado a Morgan se encontraba haciendo negocios afuera de Panamá, y no había regresado sabiendo del sitio, él no era de los que habían huido a tiempo con algunos de los suyos cuando supo que se aproximaban los piratas, dejando atrás a las mujeres y a los niños, según acostumbraban hacer algunos en el Caribe, pero se encontraba a distancia prudente y con los bolsillos llenos. Fue localizado con tiempo por un clérigo de confianza de ella que llegó, el día de la ejecución de los prisioneros, con el importe del rescate exigido por Morgan a cambio de ella, sólo que aquí el clérigo hizo el mejor de los negocios, porque liberó con tal precio a tres que él sabía le pagarían el triple —cada uno— apenas se reunieran con los suyos. La noticia llegó a oídos de ella y enfrentó a Morgan para contárselo (*¿Tú crees* —le dijo tuteándolo— *que es justo lo que este hombre de Dios, merecedor de mi mayor confianza, me ha hecho?*), por lo que Morgan ordenó que lo apresaran a cambio de la libertad de ella.

Fue el clérigo el único no muerto de sed y de hambre a quien le tocó participar de carne de matanza en la noche en que Morgan dejó el terreno no tocado por el hombre sembrado de cadáveres atravesados con flechas. Algo tenían de cosas rotas esos cuerpos, ciento ochenta y cinco hombres y mujeres insepultos, cuyo hedor con los días debió guiar a quienes llegaban tarde con el pago del rescate, o tarde con las súplicas inútiles para que Morgan liberara a sus familiares o amigos.

Sí, yo guardé silencio del cuerpo que se vendió desnudo y de su plan de fuga, aunque ella no tuviera imán para mí y tal vez porque no lo tuvo. Pero cuando dejó La Casa, *antes* —pensó— *de que corra la voz y me obliguen a aflojar el bolso*, tuvo que esperar la salida del navío que se retrasaba aguardando el bastimento que debía haber llegado ya de Veracruz: el bizcocho de Puebla y el pescado seco. De inmediato cayeron sobre ella acreedores ciertos y ficticios, desde quien se decía dueño de la cama que ella había usado y que quería cobrársela *porque me la has dejado inservible*, a lo que ella peleaba que no sólo no la había dejado inservible sino que le había gastado en vestirla dos veces su precio, y que la había dejado así, vestida y revestida, hasta quien quería cobrarle el mes completo de habitación y comida y los dos meses siguientes de ambos, porque ¿de dónde iban a sacar tan pronto, así nada más, quien la supliera?, y que debía pagarlo por no haber anunciado con tiempo su partida para que la remplazasen, porque era cierto que ya se podía volver, si hacía seis meses que cumpliera sus tres años de servicio, seis en que ya se le cobraba la habitación, el uso de la cama, la comida, el lavado de las sábanas, los afeites, los cambios de ropa que exigiera la elegancia de La Casa y que había tenido que dejar al salir, porque no eran suyos (de pronto se enteró), sólo había pagado por el gasto del uso, y ella discutía que no pagaría la comida porque ésa no iba a comérsela y que de pagar comida no pagaría la cama, a lo que le respondían que el pago de la cama nada tenía que ver con el pago de comida porque eso era de otro y el uno con el otro nada tenían que ver, y una noche entró un mozo ratero a la habitación que rentara en lo que partía el navío y que saldría cualquier día, si hasta se decía que ya había llegado el bastimento de Veracruz, y a sus gritos de auxilio acudieron más mozos a desvalijarla: quien no se llevó el vestido, que se había quitado para dormir, se llevó la peluca o el sombrero, y el que no las medias o los zapatos... A los pocos días no le quedó más remedio que regresar a trabajar porque apenas le alcanzaría, con lo que le restaba, para pagar su viaje en el barco revuelta con esclavos y gente de la peor ralea, y ni con qué pagar su matalotaje, y llegar con las manos vacías sería garantía de que de nuevo sería vendida por su pobre tía, y otra vez iría a dar lejos de su pobre tía y quién sabe a dónde, lejos de sus queridos hermanos, y a empezar de cero...

Tres

Después del asesinato de Pineau, mi primer impulso fue abandonar Tortuga. El lugar, a quien yo había aprendido a amar con él, me producía repulsión: era la tierra que arropara a sus abyectos asesinos. Este primer impulso no tuvo tiempo de cumplirse. De inmediato estalló un segundo y con mayor fuerza: no abandonar Tortuga hasta conocer el puño que acuchilló el cuerpo de Pineau y que había envenenado lentamente a Negro Miel con aquella sustancia que yo no conocía y que le provocara melancolía, deseo de abandono, ausencia de apego a la vida, y por fin la muerte, un veneno al que si yo bautizara le pondría por nombre "tristeza". Empecé por sospechar que mi compra había sido, sí, porque yo era libro escrito por Negro Miel, pero por una página que había tentado tanto el corazón de Pineau como para que contradijera sus principios en relación a la esclavitud, y que ya entonces yo no creía que fuera la sabiduría de Negro, puesto que Pineau se había negado rotundamente a utilizar sus artes y veía con gran reticencia cuando yo echaba mano de alguna hierba, sino por una página que Smeeks mismo desconocía. ¿Sería que no la había escrito Negro Miel? Si era así, podría tener alguna conexión con La Casa en Port Royal, ya que la había guardado también en silencio. Entonces me asaltaron fantasías en las que la sangre menstrual intervenía de rara manera, pero las espanté como pude, sabiéndolas absurdas, y entendiendo que no podía yo pensar con claridad, que no podía atar cabo a cabo, que estaba aturdido, que no entendía, una vez más, que Smeeks no entendía ni papa. ¿Quién los había matado? ¿Para qué los habían matado?

Repasando las personas que ambos frecuentaran, buscando coincidencias, no pude atar más cabo que las tardes en que Negro y Pineau se ausentaban de mí para asistir quién sabe a dónde, a las reuniones de la Cofradía. Seguro que ahí, en las tardes que no estuve con ellos estaría la respuesta, y de que me estaba vedada, fui a Jamaica para hablar con Isabel.

Nunca pude hablar con Isabel. Estuve ebrio varios días y no recuerdo si alguna vez fui a dormir a La Casa o si dormí o si comí o qué fue de mí, porque perdí mi propia conciencia, y cuando regresé a ella estaba firmando un papel con otro que no era, que no había sido mi nombre, y en el que había dejado caer una gota de mi sangre. Mi firma decía "El Trepanador".

El papel era el Contrato preparado por el Almirante antes de nuestra partida:

Laus Deo.

No debemos obediencia más que a Dios, aparte del cual no hay en estas tierras más amo que nosotros mismos, tierras que, arriesgando nuestras vidas, hemos arrancado del dominio a un país que a su vez las ha usurpado de los indios.

Éstas son las reglas del contrato que todo filibustero debe seguir:

Artículo 1. Nosotros, los abajo firmantes, recibimos y reconocemos como nuestro buen capitán a L'Olonnais, con las siguientes condiciones:

que si alguno de nosotros lo desobedece en aquello que él ordene, se le permitirá castigar a tal hombre de acuerdo con su crimen, o que desistirá de hacerlo, si la mayoría de los votos está en su contra.

Artículo 2. Como Contramaestre reconocemos a Antonio Du Puis y como Capitán en Tierra a Miguel del Basco.

Etcétera, etcétera. Con pelos y señales el contrato sentaba las bases para la repartición del botín, y el pago merecido por la pérdida de un ojo o dos, de una o dos piernas, de los dedos, las manos y los brazos, bajo el supuesto de que si no hay botín no hay paga, y de que quien perdiera alguna parte de su cuerpo cobraría su parte hasta que hubiera botín, si no en la expedición que emprendíamos, en la siguiente, o en cuantas siguientes fuera necesario para conseguir la cantidad con que el resto de los filibusteros pudiera saldar la deuda por la que de antemano se comprometía a responder.

Después de la firma del Contrato, embarcamos todos hacia Tortuga. Yo recogí mis bártulos, los enseres de cirujano que habían sido hasta entonces de Pineau y algunas armas que también le habían pertenecido. Mentiría si dijera que me sobrevino una enorme tristeza cuando fui a la cabaña para llevármelos, mentiría porque no fue eso lo que sentí. Me acometió una distracción grosera. No estaba en ningún lugar aunque estuviera ahí. De pronto, me vi pateando al pobre Eurípides, un perro que cuidábamos a cambio de que él nos cuidara y que hacía bien porque defendía fiero la entrada de la cabaña *excepto la noche en que mataron a Pineau*. Le asesté varias patadas porque tropecé con él, como si fuera su culpa mi torpeza, sin recordar su silencio la noche de la muerte de Pineau. Él bajó la cabeza y dejó que yo descansara en él mi ánimo altanero. Ni siquiera me ladró o enseñó los dientes. De pronto me avergoncé, las patadas me acercaron a la cabaña que compartí con el querido Pineau y su recuerdo me bañó, me conmovió, me desarmó, me dejó casi sin piernas. Me agaché a acariciarle la cabeza y Eurípides no me devolvió la mirada. Entre nosotros se había acabado todo.

Nunca más volví a esa cabaña. Cuando regresé a Tortuga, dormí, como cualquier filibustero, en cualquier sitio, no ejercí nunca, como Pineau, de cirujano en tierra. Ese día, cargué mis bártulos, y dormí en el bosque de Tortuga para hacerme de más yerbas para los remedios, aprovechando hasta el último rincón del tiempo antes de la hora de embarcar.

Estando todos bien preparados, mil seiscientos setenta hombres en ocho navíos, después de hacer la inspección de las armas con que cada quien contara y de la artillería de las naves, hicimos a la vela a fines de abril y encaminamos hacia Bayala, en la parte norte de la isla Española, para proveernos de suficiente carne ahumada. Ahí embarcó una partida de cazadores que se nos unieron voluntariamente y que nos proveyeron de todo tipo de víveres necesarios. Pasamos mayo y junio en esa parte de la isla. Ahí empecé, de hecho, mi vida de filibustero. Me enganché con ellos durmiendo un sueño llamado sorpresa, y al llegar a Bayala empecé a vivir como ellos, durmiendo cada noche en un lugar distinto. Entendí que desde que había dejado Europa yo vivía como mujer, repitiendo la rutina del mismo rincón protegido para dormir a diario y casi a las mismas horas. ¡Son tantos quienes viven como mujeres, encerrados tras los muros de un convento, de un cuartel, de una casa, de un taller, escondidos tras las faldas repetidas de un lugar que los protege con su constante estar ahí!... Desde ese día y por muchos años (treinta y siete) viví desafiando al sol, al viento, persiguiendo las inclemencias de la naturaleza extraña y luminosa del Caribe... ¡Nosotros, los filibusteros, somos espejo del día, espejo de las agrestes olas del mar, espejo de la borrasca, de la tormenta, del viento cruelísimo que llaman Huracán!... Para poder ser espejo de los días que pasan, rehuimos la rutina, todas las rutinas. No comemos todos los días, pero ¡cuando comemos, nuestras mesas son siempre desiguales, opíparas y dispendiosas, o severas, pero siempre diferentes, mesas dispuestas para los que no vivimos como mujeres!

Dejé de ser Smeeks para convertirme en el Hermano de la Cofradía de la Costa, bautizado por ellos con el nombre de El Trepanador, como ya dije, y como me lo repetía noche y día para convencerme, para entenderlo, para saberlo, para serlo.

No había averiguado quién había asesinado a Pineau y envenenado a Negro Miel. No tenía pasado, aunque en mi presente me sostuvieran ellos como miembro de la Cofradía, y no fuera yo por ellos un muchacho a prueba, un matelot, como entraban todos los recién llegados. Pineau y Negro Miel, con el oficio que me habían enseñado a dúo, me habían dado la iniciación para ser filibustero. Además, todos sabían que El Trepanador era el Heredero de la sabiduría de Negro Miel, el educado por Pineau y por lo tanto era yo quien defendía lo que ellos habían defendido con su muerte, aunque no me diera cuenta, como no me daba cuenta de nada, distraído, lo soy siempre, por la constitución de mi espíritu, que más fija su atención en las cosas vanas y superfluas que en lo que es definitivo o principal. Me repetía a mí mismo una frase: ¡Ésta es ya la hora de El Trepanador!, y en esa frase, sin que yo lo supiera, defendía como me habían enseñado a hacerlo Negro Miel y Pineau la sobrevivencia de la Ley más sabia jamás hecha por el hombre, la Ley de la Costa, raíz, tronco y fruta de la Cofradía de los Hermanos que en Tortuga hace de los hombres los seres más generosos, fieros, dispuestos a arrebatar de los españoles lo que nadie puede defender que les perteneciera.

Yo, que fui filibustero y defendí arriesgando mi vida a la Cofradía, y que ahora no soy más que un pintapanderos, borroneando papeles para que la memoria de Negro Miel no se escape, después de cientos de años aún me emociono (en el recuerdo) con el sueño de Los Hermanos de la Costa.

Cuatro

En ruta a Punta de Espada empezó nuestra buena suerte, avistamos un navío que venía de Puerto Rico cargado con cacao para Nueva España. Esta primera batalla estaría también, solamente, a nuestra vista: esperamos a L'Olonnais en la isla Savona, al lado oriente de Punta Espada, para que él solo atacase la presa.

La batalla duró tres horas, pasadas las cuales se rindieron a L'Olonnais. La presa estaba montada con diez y seis piezas de artillería, y traía cincuenta personas de defensa, ciento veinte mil libras de cacao, cuarenta mil reales de a ocho en moneda y joyas con valor de diez mil pesos. El navío fue enviado a Tortuga para ser descargado y con la orden de volver de inmediato porque L'Olonnais lo quería como propio para dar el que él tenía a Antonio Du Puis. En lo que regresaba nos hicimos de otro navío más que venía de Comaná con municiones de guerra y la paga de los soldados para la isla de Santo Domingo.

Poca idea me hice con éstos de lo que era un ataque filibustero, porque L'Olonnais se hizo de un ánimo demasiado bueno, perdonando a los vencidos, y con esto quiero decir que únicamente los echó por la borda para no tener que alimentar hocicos españoles, matándolos de rápida manera y sin demostrar su crueldad natural, y como se hablaba tanto de la manera en que había escapado astutamente de Campeche, presenciando los festejos que se hacían para aplaudir su propia muerte, como aquí contaré, así como de otras simpáticas anécdotas de L'Olonnais, yo me hacía una idea equivocada de la sangre filibustera, tiñéndola de ligereza, o de humor y de gracia.

El navío de L'Olonnais había naufragado, por una tormenta, cerca de las costas de Campeche. La tripulación alcanzó tierra firme, donde ya los esperaban fieros los españoles, que cuenta se habían dado del naufragio, con las espadas desenvainadas, los mosquetes cargados para eliminarlos y la fuerza única de los indios flecheros, felicitándose de su buena suerte, contando con terminar al fiero L'Olonnais de tan fácil manera.

Pronto se vio él herido, y no sabiendo cómo salvar su vida, tomó algunos puñados de arena, los mezcló con sangre de las heridas, se untó esto en la cara y otras partes del cuerpo, y se acomodó con sigilo entre los muertos, hasta que los españoles dejaron el lugar.

Entonces hurtó las ropas de un español muerto y las llevó consigo al bosque donde se escondió, vendó sus llagas lo mejor que pudo para que no se le infestaran de mosquitos y gusanos, se disfrazó de hidalgo y se enfiló a Campeche.

La ciudad encendía luminarias para celebrar su muerte. Entabló amistad en el mercado con un esclavo, y, después de darle tiempo para que le relatara sus desventuras, y de asegurarse del odio que sentía por su amo, L'Olonnais le prometió libertad, franqueza y su pertenencia a los Hermanos de la Costa si le obedecía y se fiaba de él. El esclavo se encargó de reunir a otros en su condición, y por la noche robaron una canoa de uno de sus amos y se fueron a la mar con el pirata, donde remaron constantes, emocionados por su próxima libertad, hasta que dieron con la isla Tortuga. ¡Bonito cuadro, el del filibustero escapando mientras Campeche celebra su muerte! Esta y otras anécdotas escuché mientras nos apertrechábamos para salir o esperábamos la toma de los navíos y su regreso de Tortuga, como la del aristócrata Jean François de la Roque, señor de Roberval, mal llamado por los españoles (que todo lo revuelven en su lengua chapucera) Roberto Baal, segundo de Jacques Cartier, el descubridor del Canadá y teniente gobernador de las tierras descubiertas por órdenes de Francisco I, Rey de Francia, quien prefirió la piratería a la gloria, atacando en 1543 Santiago de Cuba, o la del tío de Montbars, El Exterminador, que al ver rodeado su pataché y a punto de ser vencido, lo hizo estallar antes que rendirse a los odiosos españoles, o la de Montbars mismo: la noche antes de la salida de ambiciosa expedición, Montbars invitó a todos los capitanes a un consejo para decidir el lugar que tomarían, ponderando las fuerzas disponibles y el tiempo que alcanzarían sus reservas. Mientras los Capitanes se divertían en la cabina, los demás hacían lo mismo en cubierta, y todos, incluso los cirujanos, estaban más ebrios que el vino. Por casualidad, en la pólvora cayó una chispa, y el barco, con todos a bordo, estalló en el aire. Como en este navío la pólvora estaba en el castillo de proa, los de la cabina no sufrieron más daño que verse a sí mismos en el agua, pero trescientos de sus hombres se ahogaron. La expedición se retrasó por este hecho, después de una semana quince barcos y novecientos sesenta filibusteros salieron... rumbo a Maracaibo, como nosotros íbamos, donde venció con engaño a los españoles con un brulote (barco cargado de paja y pólvora que se hace salir contra los buques enemigos para incendiarlos) en el que fingiera una tripulación pirata con viejos sombreros de paja sobre palos. Antes de echarlo al agua, Montbars habló con sus hombres diciéndoles: *La llegada del escuadrón es una espléndida nueva: los españoles nos regalan una gloriosa victoria. ¡Valor!, estos balandrones verán nuestras caras, pero nosotros sólo les veremos las espaldas.* (Recuerdo que años después lo vi cruzando el golfo de Honduras. Era astuto, despierto y rebosante de energía, como son los gascones, trigueño, alto, erguido y fuerte, cuerpo a cuerpo no había quien pudiera vencerlo. Me es difícil describir con certeza la forma o el color de sus ojos, porque las oscuras y espesas cejas se cerraban en arco sobre ellos y los cubrían casi por completo, tanto que parecían escondidos bajo una cueva oscura. A primera vista se sabía que ese hombre era terrible, conquistaba por el terror que producía su mirada.)

O la anécdota de Pierre Le Grand, que a bordo de una barca con veinte filibusteros listos para abordar algún barco mercante español, casi sin pertrechos, topó con un navío de guerra, una fragata con setenta y cinco cañones y doscientos hombres de guerra. El filibustero no vaciló. Hundió su barca, abordó a los españoles, y se lanzó con un cerillo encendido hacia el depósito de pólvora, dispuesto a volar el navío en pedazos si la tripulación no deponía sus armas. Ante esta enérgica embestida, los sorprendidos españoles se rindieron. Los oficiales que quisieron oponérseles fueron masacrados, y Pierre Le Grand se hizo de un botín que lo hizo rico por el resto de su vida.

Ésa era la tónica triunfal y colorida de las charlas. No oí en cambio describir cómo se tortura a los prisioneros (nadie habló de cómo fue que al encontrar Maracaibo vacío, Montbars consiguió hacerse de dos prisioneros: un hombre viejo, mayor de sesenta años, y un joven que lo acompañaba. Del viejo, un esclavo dijo que era rico, por lo que Montbars lo sometió a tormento de mancuerda, amarrándole de las cuatro extremidades y tirando de ellas hacia las cuatro esquinas de su habitación, con lo que él confesó que no tenía más que las cien coronas que el joven llevaba consigo. Los filibusteros no le creyeron y continuaron con el tormento, al que llaman "nadar en tierra seca", poniéndole ahora una piedra que pesaba quinientas libras en su torso mientras cuatro hombres apretaban más las cuerdas que lo sujetaban, y como no confesara nada, hicieron una hoguera bajo él que le quemara la carne. Al joven, le hicieron lo mismo y después lo colgaron de los cojones, hasta que casi se los arrancaron. Entonces lo tiraron en una zanja, pero antes le dieron latigazos con la espada. Un prisionero tomado después contó que el joven estaba aún vivo), ni infinitas anécdotas que pudieron haber dejado caer para que yo me diera cuenta de cuál sería su crueldad. Nuestra crueldad, porque en pocos días tomaríamos Maracaibo.

Algo he de describir de Maracaibo que no sea la belleza de sus pueblos, de sus casas e iglesias y hospitales y conventos y mercados, porque de esto no quedó nada en pie. Ni diré tampoco cómo eran de hermosas sus mujeres, porque también a ellas las arruinamos, maltratándolas mientras se humillaban a nuestras bajezas, haciendo caso a todos nuestros caprichos para sacarnos pan o raíz para hacerlo, o carne o alguna fruta, las más de las veces para calmar el hambre de sus pobres hijos que igual murieron porque se prolongó tanto la toma que no hubo niño que resistiera el hambre y la sed, siendo el agua también escasa.

No hablaré de la dignidad de sus construcciones ni de la astucia y grandeza de sus industrias, ni de lo bien que procuraban sus ganados en los alrededores y en la isla vecina, por ser tierra adentro poco buena para apacentarlos pero en cambio pródiga en frutas, ni tampoco elogiaré las tupidas matas de cacao, ni sus caminos bien trazados y aplanados, ni sus carros y mulas, ni los fuertes bien pertrechados, ni el castillo que se levanta en la isla de las Palomas, ni tampoco hablaré de su fuerte, alzado con estacas y tierra, equipado con catorce cañones y doscientos cincuenta hombres, lo primero que atacamos y destruimos.

No hablaré de lo que no quedó en pie, de lo que no se salvó de nuestra furia, sino de la hermosura de la bahía, que algunos llaman golfo de Maracaibo y de los indios bravos, enemigos naturales de los españoles y por lo tanto aliados nuestros y cuyos hijos sobrevivieron a nuestra ira. Los bravos nos ayudaron a entrar en la bahía y sin ellos hubiera sido virtualmente imposible tomar con tan bajo costo de vidas la región bien apertrechada.

Los indios bravos, designados así por los españoles, vivían en las islas e islotes del lago de Maracaibo. Para salvar sus pellejos habían dejado su natural territorio, la tierra firme, a sus enemigos. Según ellos, el nombre del lago era Coquibacoa, y hacían caso omiso de cómo lo llamábamos aunque nos enteraron de que el nombre Maracaibo había sido el de un cacique que algún día dominara la región, muy recientemente tomada por los españoles. En 1529 Ambrosio Alfingui fundó en el sitio una aldea, pero en cuanto murió, su sucesor, Pedro San Martín, tal vez porque al calor no lo mitigan en esta región ni las débiles brisas, o porque es muy escasa el agua corriente, abandonó la aldea, y los indios la destruyeron. Hasta 1571 Alonso Pacheco fundó con cincuenta hombres una ciudad, pero la tuvo que abandonar después de tres años de intensas luchas contra los bravos, que se llaman a sí mismos o aliles o bobures o moporos, quiriquires, tansares, toas o zaparas, dependiendo de cambios insignificantes en sus costumbres, usando nombres tan diversos para lo que a nuestros ojos es tan similar. En 1574, Pedro Maldonado, con sólo treinta y cinco hombres, consiguió arrebatar a los indios el territorio y fundar en lo que ahora se llamara Maracaibo la Nueva Zomar, que, cuando nosotros la tomamos, ya había sido asolada dos veces por piratas, con lo que se comprueba que puesto que los españoles arrebataron por la mala estas tierras, nosotros teníamos derecho a arrebatarles lo que ellos obtuvieran del beneficio de tierras por ellos robadas. Porque, ¿quién iba a creerle al Papa, esbirro de la Corona Española, la bula en que asentaba que el mar Caribe y las Antillas pertenecen a España? ¿Bula papal? ¿Él, qué autoridad podía tener sobre nosotros si su manto estaba bordado con oro regalado por la corona española? En nosotros, quienes practicábamos la piratería, no estaba restaurar un orden pero sí arrebatar lo que no tenía por qué pertenecerles: el primer tesoro de importancia que enviara Cortés al Rey fue hurtado por Giovanni de Verrazano, llamado por los españoles, con el ánimo ya dicho de su lengua, "Juan Florín", porque digas lo que dijeres a un español él encuentra siempre el modo de hacerlo a su lengua.

Coquibacoa, la Maracaibo nuestra, los indios bravos... Los hombres bravos usaban por único vestido cinturones de algodón bordados con piedras, muy parecidos a los que había visto portar a las calaveras de las Grutas de la Llanura, el pozo enorme de Tortuga que visité con Pineau, y las mujeres lienzos atados a las caderas, de distintos largos, dependiendo de su edad y rango. Las más jovencillas estaban casi desnudas y no dejaban de reír enseñando los dientes. Como eran nuestros aliados, no tocamos a ninguna de sus mujeres, excepto L'Olonnais, a quien regalaron como muestra de amistad tres mujeres, perfectas si no fuera porque llevaban la piel entera pintada con vivos tonos para la ocasión y por traer el cabello acomodado de rara manera, como si lo hubieran mojado en barro y luego lo moldearan con antinatural capricho. Aunque a decir verdad no sé si él las tocó porque frente a nosotros hacía que se viera el desagrado que le producían los cuerpos desnudos, sobre todo cuando ya no estaban teñidos, que fue casi de inmediato, porque los de estas tierras acostumbran bañarse una o más veces en un solo día, lo que nunca dejó de asombrarnos, y los tintes que usaban para la piel se desvanecían con el agua, como no los tintes que tan hábilmente usan para sus ropas. Igual que le producían a él desagrado, lo movía a la risa (algo raro en él) ver cómo las veíamos, sus hombres y sus muchachos, a ellas o a las otras desnudas. Yo primero guardé silencio, sin saber qué sentir, porque su desnudez en nada se parecía a la que vi sobre una cama en Port Royal; su desnudez abierta, a plena luz, algo tenía de grotesco, sobre todo en el remate de los pechos, en los enormes botones en que ellos acaban. Y en los dientes desnudos y en sus pies y en sus cabellos negros brillando sueltos, las más de las veces tan largos que solían tapar la espalda y a veces las enaguas.

Sus casas estaban levantadas sobre los árboles o en empalizadas que sobresalían de la superficie del lago, con lo que evitaban los insidiosos mosquitos, las inundaciones cuando el lago crecía —lo que era muy habitual, porque decenas de ríos desembocan en el lago (es Catatumbo el más hermoso y caudaloso)— y refrescaban el insoportable calor. Construían sus piraguas (así llaman las canoas que usan) de un solo tronco, en las que cabían hasta ochenta tripulantes. Envenenaban la púa de sus flechas, flechas enormes por cierto, del mismo largo de ellos. Usaban conchas de caracoles de varios tamaños, triturándolas, y con los trozos (tan duros como el vidrio europeo), tras trabajarlos con paciencia infinita, daban al arco y a la flecha su apariencia y firmeza final.

Hombres y mujeres usaban distintas lenguas, una para ellas, otra para ellos, aunque para el trabajo ambos usaran el lomo de la misma manera. Cuando estaban en paz, al hombre le sobraba tiempo para tirarse en la hamaca. A ellas nunca, sembraban la semilla, cuidaban la planta de la yuca, le extraían la raíz para el cazabe, replantaban la mata, quitaban la película a la raíz, la rallaban, la dejaban que echara el veneno, preparaban el pan con la harina, lo ponían al fuego, cazaban animales para comer carne, cuidaban a las criaturas, cómo iban jamás a tirarse por las tardes en la hamaca (que ellas tejían) para el puro placer de ver pasar el tiempo...

Ellos planearon la estrategia para la toma de Maracaibo, entendiéndose con nosotros por un intérprete que hablaba el francés con hermosura. Ellos dirigieron en la primera parte de la entrada al golfo o mar de Maracaibo a L'Olonnais y los suyos. Tenían algunos hombres espiando aquí y allá, sorteando o soportando los infaustos pantanos que rodean los innumerables ríos, y observando las fortificaciones y sus asentamientos, por los que pudimos enterarnos con oportunidad de muchas cosas, protegiéndonos o defendiéndonos, como cuando, al tomar el castillo (primer sitio que atacamos apenas anclamos frente a la entrada al lago las embarcaciones, alcanzando tierra rápidamente en las piraguas que nos prestaron los bravos, conduciéndolas con rapidez, pericia y en total silencio) los vencimos, sorprendiéndolos y dejando inválida la retaguardia que habían preparado para atraparnos.

En ese primer asalto matamos a cuanto español pudimos. Los que habían puesto a nuestras espaldas para sorprendernos consiguieron escapar, no pudiendo regresar al castillo se dirigieron apresurados a la ciudad de Maracaibo para anunciar "¡Vienen dos mil filibusteros, armados y organizados!" Todos los habitantes dejaron la ciudad, llevando consigo sus riquezas, sus mujeres, sus niños y sus esclavos. Cuando llegamos en nuestros navíos a Maracaibo y disparamos desde el agua un tupido fuego a su fuerte y a sus bosques no tuvimos respuesta, todos se habían ido ya. Las casas estaban vacías, las calles vacías, hasta los esclavos nos habían temido. En toda la ciudad un corazón solo palpitaba: un recién nacido lloraba en una cuna, abandonado para, tal vez, cargar en las manos algo de mejor provecho o más valor.

Desembarcamos en la ciudad y nos acomodamos en las mejores construcciones. En la iglesia apertrechamos nuestras armas y municiones. L'Olonnais ordenó la organización de guardias para protegernos mientras celebrábamos la toma no tan gloriosa de Maracaibo, hasta el momento no habíamos necesitado más que asaltar el castillo que cuidara la entrada al lago y que habíamos vencido por la astucia y los espías de nuestros aliados bravos.

Celebramos, igual, esos primeros días, como si nuestra victoria lo mereciera. Maracaibo tenía, y de sobra, con qué vestir nuestras mesas y calentar nuestras gargantas, comimos opíparamente y festejamos.

Menos un filibustero, El Mudo (bautizado así porque ni dormido dejaba de hablar) arrullaba noche y día al recién nacido

encontrado dándole a beber leche de vaca, cantándole canciones, cambiándole y lavándole pañales y sabanillas, loco de alegría por esta parte del botín que hubo de abandonar cuando
emprendimos la marcha a Gibraltar.

Cinco

Rafael Marques vestía largo manto aterciopelado, disfrazado (según decía) de Reina Metecona de la Isla Azul, porque azul era el largo manto que Marques había improvisado para vestir sobre sus ropas, arrancándolo de los cortinones de una de las fastuosas casas que habíamos tomado. Rafael Marques no era aún filibustero, era matelot puesto a prueba por la Cofradía, matelot a quien se le medía el valor y sobre el que todos fijaban escrupulosamente los ojos, probándolo más que a cualquiera que deseara ser Hermano de la Costa, por ser, de creer su nombre, español, aunque él se dijera portugués y aunque se contara que se le había perdonado la vida cuando la nave en que viajaba fue tomada por los filibusteros, y, más todavía que en lugar de abandonársele en el primer puerto o en la primera isla, marooned, como dicen los ingleses, en lugar de eso se le había aceptado para que pasara las pruebas como matelot y pudiera entrar a la Cofradía, porque él había sido quien había indicado a Pierre Le Grand dónde traía el barco recién abordado la pólvora para que amenazase junto a ella, con el cerillo encendido, con volar el barco si no se rendían, y porque él mismo había quitado las armas del alcance de sus compañeros, y que, después, él mismo había explicado a Pierre Le Grand que él esperaba con ansia la llegada de algún buque filibustero por parecerle odioso convivir con los españoles y por desear unirse a los Hermanos. Si Pierre Le Grand le creyó o no le creyó, si era cierta la historia no podía saberse, porque, después de su famoso asalto, Pierre Le Grand regresó al continente con tanta riqueza como para pasar la vida y nunca se había vuelto a la mar. Tampoco podíamos saber si eran verdad las otras cosas que Rafael Marques decía de sí mismo, como que en Portugal él había escrito y publicado versos, y que había dejado tierra firme como secretario de un embajador, que los españoles lo habían desacreditado, y como éstas sucesivas historias que lo llevaron hasta el navío asaltado por Piere Le Grand y luego hacia nosotros y que nos resultaran todas algo odiosas, por algo que desaparecería pasadas las pruebas, por su nombre de español, así que le teníamos algo de paciencia a él y al desagrado que nos producía, confiando en que cuando fuera aceptado en la Cofradía y perdiera su nombre español podríamos verlo con simpatía, lo que era una gran mentira, como tal vez también el resto de su historia, porque necesitábamos aceptarlo para que pudiera entrar en la Cofradía.

La Reina Metecona de la Isla Azul, con tener otro nombre, bajo el largo manto seguía siendo Rafael Marques haciéndonos chanzas en la ebriedad incontenible y bien asentada que habíamos agarrado en las mesas abundantes de Maracaibo. Paseaba de un lado al otro de las calles que habíamos trazado como nuestro territorio, inspeccionándolo todo (eso no lo imaginábamos) y llegando hasta los puesto de guardia para observar sus movimientos.

La Reina Metecona de la Isla Azul hablaba y hablaba mientras nos hacía reverencias, diciéndonos con bromas cuánto nos debía su Majestad a nuestras Altezas.

De pronto, la Reina Metecona de la Isla Azul desapareció. Nadie notó su ausencia de inmediato, porque a los ebrios y bien comidos nos tocaba ya la hora de dormir, a los bien comidos la hora de remplazar a los vigías, y a los vigías la hora de sentarse a comer y beber hasta que amaneciera.

Rafael Marques caminó en la oscuridad el trecho suficiente para poder continuar a la mañana con la luz del sol, sin peligros y ya fuera de nuestra vista. Mientras nosotros bebíamos y comíamos —que falta nos hacía porque en la espera para el asalto habíamos estado muy escasos de bastimento—, él pensaba, calculaba, hacía planes, y creyendo que, siendo nosotros tantos pero tan ebrios, estando ya sin nuestros aliados los bravos con quienes habíamos convenido repartir una parte del botín apenas lo juntáramos, él podría obtener más ganancias de nuestro asalto si brincaba de bando e informaba a los españoles cómo hacer para derrotarnos, porque, emborrachados y dejados de los bravos, con él o sin él seríamos vencidos, y temiendo verse entre los míseros derrotados, al ritmo de la Reina Metecona de la Isla Azul se echó a volar, sin saber que eran los pantanos del lado de Maracaibo quienes habían expelido humores que cegaran en él su buen sentido, si acaso algún día Rafael Marques había tenido buen sentido.

Seis

Al empezar a contar mi historia, dejé asentado tener los ojos y los oídos de Smeeks, El Trepanador o Esquemelin, según fuera el nombre con que yo o los otros me designaran. En el orden de tal historia, ya fui Smeeks, ya ocurrió la ceremonia (que debiera describir con mayor detenimiento, contar por ejemplo cómo quien se hace Hermano bebe sangre de los otros Hermanos y a su vez se sangra para que los otros beban de la suya, toda revuelta en vino, pero no he querido detenerme en cada detalle para poder llegar al fin de mi historia), y creo que desde un principio he sido Esquemelin, porque es él quien acostumbra narrar mi historia para que no se llame la atención sobre la persona de Smeeks, en sí sin ninguna importancia.

Ha llegado el momento en que ojos y oídos no bastan para continuar. Necesito tener también el corazón de Smeeks, El Trepanador, Esquemelin. ¿Qué verían los ojos en el asalto del cruel L'Olonnais al barco que venía tras las cabezas de su tripulación, navío enviado por el gobernador de La Habana, equipándolo y dándole órdenes de atrapar a L'Olonnais y matar a todos los suyos, pertrechado con el verdugo graduado de tal por el mismo gobernador a bordo para ejecutar el corte de cabezas? Verían tanta sangre que ésta empañaría su narración y se perderían, como perdieron los españoles ante nosotros, cuando, en el dicho asalto a Maracaibo, atacamos la vecina población de Gibraltar y ellos nos resistieron con tal exagerado derroche de pólvora que se enceguecieron entre las nubes de pólvora que despiden los estallidos, nos perdieron de vista, alocados, sin control mientras nosotros nos guardábamos sin afiebrarnos —no había de qué, esto era a tratar con sangre fría, si no era fiesta o borrachera sino guerra— y pudimos vencerlos por sorpresa. Verían los ojos tanta sangre, toda la de la tripulación entera, incluyendo la del verdugo negro que lloró implorando para que lo dejaran con vida, arguyendo que él era Capitán de aquel navío y que daría a L'Olonnais cuanta información gustase, a lo que L'Olonnais accedió, escuchando hasta que ya no tuvo más que decirle, y entonces, sin apiadarse de él, hizo regar su sangre. Uno solo, y que no pidió piedad, restó vivo, para servir a L'Olonnais de correo con el gobernador, hecho que estuvo a punto de no cumplir, porque tantas muertes sangrientas lo habían trastornado y en su desordenada razón no cabían más palabras que las del verdugo negro, del hombre fuerte, hasta entonces imperturbable, que desde su enormidad gritara *¡piedad!*, la que él nunca había tenido con los que ejecutara, quién sabe cuántos, por lo que no acertara a decir *ése es correo para el gobernador* cuando lo dejara una canoa de los nuestros en el muelle de La Habana, sino *Piedad, no me maten, soy el capitán, diré cuanto usted pida, piedad,* desgañitándose y temblando de manera en él grotesca, idéntico a como temblara el negro gigantesco, el del pulso firme, y no hubiera entregado la nota de no ser porque alguien lo reconoció y dio razón de quién era (o había sido antes de enloquecer), y ese alguien, dando señas de la persona del loco, explicara que el ahora loco iba en la embarcación que persiguiera a L'Olonnais, mientras que, repitiendo los mismos gritos con nervio tan tenaz que nadie se explicaba por qué no se desgañitaba, cómo era que forzando así la voz no quedaba mudo, estiraba los dos brazos cuyas manos sujetaban juntas el papel del filibustero que decía *No daré jamás cuartel al español. Tengo firme esperanza de ejecutar en vuestra persona lo mismo que en las que aquí visteis con el navío, con el cual os figurabais hacer lo mismo conmigo y mis compañeros.* Llevan el correo a la persona del gobernador, para que reciba en sus manos el escrito de L'Olonnais, y sintió el gobernador miedo tan incontrolable que sin poder evitarlo disparó contra el infortunado, el que un día fuera en la misión que él ordenara, luego tornara a sobreviviente, luego perdiera la razón, luego voceara infatigable como el verdugo, y de pronto fuera finado que ponía al gobernador en doble predicamento: el de saberse amenazado por el temible y cruel L'Olonnais y el de ser asesino de un inocente, así que, para salir de alguno de los dos líos, apenas apretado el gatillo el gobernador dio de voces para que se buscara al culpable del asesinato que él había, equívocamente, sin su voluntad, perpetrado, fingiendo que él no lo había hecho, acto que agradecieron sus colaboradores ahí presentes porque les pareciera enfadoso que, asustado el gobernador, hubiera hecho lo que nunca nadie diría que él había hecho en un ataque de pánico, creyendo neciamente al matar al infortunado correo desaparecer la amenaza del cruel filibustero.

Buscaron quién había disparado contra el correo, y encontraron un muchacho que pasaba por ahí, y aunque no traía arma de fuego les gustó para culpable. Su madre (Habana no es Tortuga, ahí los jóvenes tienen padre y madre) suplicaba clemencia, anegada en lágrimas, sin poder entender qué ocurría. Como no había verdugo, ni quien lo supliera, se le condenó a la horca, sabiendo que si ninguno era capaz de cortarle la cabeza, cualquiera, creyeron, podría tirarle el lazo al cuello, y hubieron de retrasar horas su ejecución porque nadie conseguía atar el nudo con tino, y dos veces fue a dar al piso el muchacho sin perder la vida, mientras la madre despertaba de su aturdimiento y tramaba qué hacer y se enteraba el gobernador de que a nadie le salía el nudo, por lo que perdonó al chico la vida, dejando asentado por escrito que si Dios Todopoderoso y Eterno dos veces permitiera que el chico escapara de la muerte, el gobernador no era nadie para oponerse a la voluntad de perdón divino, porque la verdad era que él, siendo español, no sabía cuánto calma la sangre derramada, ni cómo ésta vence todo remordimiento y restablece la paz perdida, y sentía remordimiento y estaba sin paz por haber matado al correo y por ver que mataría ahora a un inocente, con la peor fortuna de que al llegar la carta al cadalso, el nudo ya había sido hecho, el chico ya estaba muerto, aunque no fuese el que la madre lamentaba, sino otro, porque ella consiguió sobornar a más de tres y suplantar al hijo con uno de sus esclavos, hecho que los remordimientos del gobernador no conocieron nunca porque en esa casa había más hijos de los que pudieran distinguirse, aunque, como se sabe bien, si una mujer se empeña, pueda reconocer cuanto hijo tenga.

¿Puedo continuar la historia sin el corazón de Smeeks, El Trepanador, Esquemelin? ¿Los ojos y los oídos resistirán sin cegarse y ensordecerse el golpe de la vida filibustera? ¡Yo creo que más bien debiera deshacerme de los tres: ojos, oídos y corazón, y quedarme con la única arma que me dio, para contar cómo era entonces la vida entre los filibusteros, el Negro Miel a su muerte, cuando yo le prometí guardar en la eternidad de los hombres su memoria, porque ojos y oídos se anegarán en la sangre y la violencia y el corazón no nos llevará a ningún sitio, dando de vueltas, incapaz de seguir el orden del tiempo porque para él no hay tiempo, los hechos se entrelazan o se unen o se repelen porque todo queda sometido bajo la ley de la partícula de la violencia, del odio, de las venganzas, del desorden, de la sangre y la muerte...! Sólo podré contar con mi memoria para continuar con la historia. De ahí en adelante, El Trepanador estaría casi a diario tinto en la sangre de los miembros que arrancaran a medias los cañones y que él tenía que arrancar de lleno, yo, El Trepanador, serruchando miembros tantos como para formar de lo mutilado un nutrido ejército... ¡un ejército tan cruel e invencible como el que entonces formaran los filibusteros, porque los miembros tendrían los nombres que usaran en la lucha quienes los poseyeron:

El Exterminador
Caza de Pie
Pasa por Todo
Viento al Pairo
Rompe Piedras
El Manco
Filo en Punta
El que iza en reclamo
Pólvora Mojada
Sable Desnudo
Fuego de Alegría...
Etcétera,
etcétera!

Si acaso hasta el momento no he usado más que ella para contar lo que aquí ya ha quedado asentado.

Siete

A la mañana siguiente, repuestos de y con la comilona y de y con la bebida, L'Olonnais mandó el primer escuadrón a inspeccionar las áreas vecinas. No quiso echar mano de los bravos en tierra y los dejó cuidándonos la retaguardia en el lago y en el golfo. Cincuenta hombres salieron tras alguien, el que fuera, para adivinar dónde estaban todos los maracaibos escondidos, pero su insistencia fue inútil. Con todo y que encontraron un grupo, que los torturaron a todos, que, enfrente de todos los prisioneros, hizo partir en pedacitos a uno de ellos, amenazando con hacer lo mismo a todos si no le decían dónde estaban las riquezas y los demás habitantes, lo más que obtuvo fue la indicación de un lugar, al que mandó gente con presteza para sólo verificar que ya había sido abandonado (*Teniendo ellos el llano, y por guarida vecina la ciudad fortalecida*) el sitio, con lo que ordenó la toma de Gibraltar, ciudad vecina.

Muchos de los dos mil maracaibos se habían refugiado en Gibraltar, pero otros más, sobre todo los varones, huían a diario, aterrorizados de que, por los temibles métodos para interrogar de L'Olonnais, alguien los delatase, así que, como animales, desconfiaban del padre, del hermano, del hijo, cavando a diario distinto refugio y padeciendo hambre y sed mientras nosotros, los filibusteros, disfrutábamos de la holgura de sus habitaciones y despensas. Pero para L'Olonnais disfrutar de cuanto habían dejado (que era mucho, gran botín) no era suficiente. Él lo quería todo y más que nada los quería a ellos y quería pelear. Así que quince días después de haber llegado nos dirigimos a Gibraltar, embarcando parte de lo robado y los pocos prisioneros que habíamos podido hacer y dejando en Maracaibo una fuerza prudente para que nos cubriera a nuestro regreso. Desembarcamos a unas leguas del lugar, cerca de la Ribera. Un indio bravo nos iba indicando el camino. Exaltados, bien comidos, con las alforjas llenas de buenos bastimentos, con poco alcohol corriendo por las venas y un no sé qué de alegría niña, parecíamos algo más que filibusteros. Apoderarnos de la ciudad sin pelearla, disfrutar del botín sin tirar sangre nos había aligerado la sangre. Hasta el momento de salir de Maracaibo no habíamos perdido a ninguno de los nuestros, y no teníamos ni enfermos ni heridos, aunque en el camino algunos empezaron a dar señas de haber contraído extrañas fiebres, pero pretendían no tenerlas y nosotros pretendíamos no verlos decaídos. Durante unos días habíamos sido señores, cuando habitamos Maracaibo sin pelearlo, habíamos comido a las mesas. ¡Habíamos comido a las mesas de los señores sin las manos tintas de sangre para serlo! Por eso casi no parábamos mientes en el camino terrible que nos llevara a Gibraltar, al sur del lago, hacia donde la tierra se hace más pantanosa. Conforme nos acercábamos a Gibraltar, el bravo comenzó a ponerse nervioso, como si algo extraño ocurriera o fuera a ocurrirle, aunque L'Olonnais interpretó que su nerviosidad se debía a que tramaba algo en nuestra contra, a que algo iba a provocar para hundirnos, pero nos era imposible hablar con él para saber si había traición porque él no hablaba nada que no fuera su lengua materna. Sólo para L'Olonnais era visible el nerviosismo bravo. Los demás no le prestábamos ninguna atención, y de no habernos ocurrido que él nos guiara erróneamente, engañado como nosotros, por un camino falso que construyeran para atraparnos los españoles, no hubiéramos despertado a tiempo de tan suave sensación y tal vez habríamos perdido en la lucha. Porque de pronto el camino en que pisábamos empezó a hacerse tan muelle a nuestro paso que en él nos hundíamos y mientras nosotros desconcertados no hallábamos qué hacer con nuestros pies y dónde acomodarlos, el indio bravo sin vacilar arrancaba hojas de las palmas y ramas de los árboles, las ponía bajo su paso, y a señas nos urgía a hacer lo mismo, y aunque nos salvamos de morir ahogados en sus fétidos lodos, por un momento pensamos que de nada iba a servirnos no morir enterrados de pie en las tierras acuosas porque el camino falso que nos habían tendido de trampa los españoles terminó en el agua, pero el indio, astuto, sin perder la velocidad, dio la media vuelta y dando voces nos persuadía para apresurarnos, temiendo que la noche nos tomara en el medio de ese pantano, como lo habrían deseado los españoles. Ahí fue donde vimos salir de la nada el caimán, animal temible. Del color del lodo, lento como el lodo surgió de lo más hondo del pantano, caminando como si volara donde era imposible desplazarse sin torpeza o sintiéndose pesados como piedras, doblemente asombrosa su ligereza porque estos animales comen piedras para dar más peso a su cuerpo y poder cazar las presas como acostumbran. El enorme animal de patas cortas movió sin dificultad su cuerpezote, y, abriendo sus fauces gigantescas, prensó con ellas a uno de los nuestros, llevándolo consigo en su bocado, y lo hundió junto con él en el agua, apoyando en el pobre infeliz su pesado cuerpo y hundiéndolo en el fondo del agua, hasta que lo ahogó, y regresó a tierra firme y dejó en la arena el cadáver del nuestro, dispuesto a venir por otro de nosotros y matarlo ahogándolo y luego ponerlo al sol a pudrir, porque estos animales comen solamente carne descompuesta, pero el indio bravo, fiero, con su puñal, haciendo gala de su nombre, se lanzó tras el animal y lo mató y frente a nosotros le abrió el vientre para que viéramos las piedras que traía en su cuerpo para hundir las víctimas de su apetito de caimán terrible.

Regresamos sobre nuestros pasos y reencontró el bravo el curso del buen camino. En ese lugar nos esperaban con cañones, mosquetes y cerros de buena pólvora los españoles. Ocurrió entonces lo que ya conté: que dispararan tanto y en tan gran desorden (incluso a veces atinaban a herirse entre ellos mismos por la confusión en que cayeron) que pronto los acabamos y los dimos por vencidos. En tres horas estaban quinientos de ellos muertos y nosotros rendidos, pero no tanto como para que L'Olonnais no hiciera lo que se había propuesto al ver errar al indio bravo: pidió lo amarraran a un tronco, le abrió con la espada el pecho, le sacó el corazón, diciéndonos con grandes voces que este bruto casi nos había llevado al fracaso, que él no iba a perdonar la torpeza de un guía, que el trato que le estaba dando era el único que mereciera, y a la luz de la hoguera que habían atizado para curar a los muchos heridos, vi los ojos del bravo mirando con expresión indescriptible, ojos vivos, sí, cómo L'Olonnais mordía su bravo corazón, y tan bravo era que escupió en el rostro a L'Olonnais antes de caer para siempre, tal vez, en los brazos de la muerte. Nos dormimos ahí mismo, sin tener fuerza ni valor para dejar el campo de batalla, temiendo los caimanes más que a los muertos, y en cuanto amaneció juntamos a todos los cadáveres. A los nuestros, catorce hombres, la mayoría consumidos por las fiebres más que por la pólvora errada, les dimos sepultura. A los de los españoles y al indio bravo los subimos en dos barcos, y en el lago, dos leguas adentro, los hicimos irse a pique.

Organizados en varios frentes, entramos a Gibraltar. Todavía se defendían. Asaltamos primero el monasterio que quedaba al pie de la muralla para protegernos de las balas con los cuerpos de los monjes y de las monjas, y de seguro, por el respeto que les tienen, los españoles no hubieran disparado, de no ser porque los religiosos gritaran, *¡Muerte a estos herejes, disparen que a nosotros nos acogerá el Señor!*, *¡Mátenlos, que para los cristianos no existe muerte sino vida eterna!*, *¡Disparen, disparen, no sean cobardes, cristianos, muerte a los herejes!* A todos ellos les dieron muerte.

Adentro de la ciudad, la superioridad de los españoles era aún notable. Peleábamos con furia, pero ellos guarecidos en las construcciones y robustecidos por conocer de sobra el lugar, no nos daban cuartel.

L'Olonnais ordenó la retirada.

Apenas nos vieron fuera, los españoles salieron a perseguirnos que es lo que pretendía nuestro Almirante. Ahí pudimos vencerlos, y los que no se vieron muertos o cayeron nuestros prisioneros huyeron en el fragor de la lucha.

Entramos como lobos furiosos en Gibraltar. Vejamos a las mujeres, robamos la iglesia, destrozamos las imágenes, lo arrasamos todo, nos hicimos de trescientos prisioneros entre hombres, mujeres, niños y esclavos, y a todos les pusimos precio, pidiendo por todos rescate. La mayoría murió de hambre porque eran pocas las vituallas. Apartamos para nosotros la raíz del cazabe, así como las aves y los cerdos, e hicimos matar algunas borricas para alimentarlos, pero prefirieron morir antes de comer carnes tan inmundas, sobre todo porque las carnes se agusanaron y porque más parecían enjambres de moscas que alimento.

Con los prisioneros L'Olonnais se ensañó con crueldad, sometiéndolos a terribles tormentos para que confesaran dónde tenían escondidas las mayores riquezas de Gibraltar y Maracaibo, y para averiguar si acaso había otro ejército esperando atacarnos. Cortó lenguas de los que no hablaron, marcó sus cuerpos, mutiló sus miembros, quemó o hizo en ellos cosas terribles que sin dejarles huella les reventaran las vísceras. Después de haber dominado Gibraltar cuatro semanas, demandamos exacción de quema. Pedimos, por no poner fuego al lugar, diez mil reales de a ocho, a falta de los cuales abrasaríamos y reduciríamos a cenizas toda la aldea. Les dábamos dos días para traer dicha suma, y no habiéndola podido juntar tan puntualmente los vencidos, comenzamos a prender fuego en muchas partes de la aldea. Los españoles nos suplicaron que les ayudásemos a apagar el fuego, y así hicimos ayudados por los habitantes que se juntaron, pero como antes habíamos untado de brea y aceite las piedras de las construcciones que prendimos, por más que trabajamos no pudimos evitar la ruina de una parte, particularmente de la iglesia del convento que se redujo a polvo hasta los cimientos. Después de haber recibido el dinero referido, llevamos plata, muebles, dinero, joyas y mercancías varias a bordo, junto con un gran número de esclavos que no habían pagado su porción o rescate y no habían muerto.

Ocho

Los indios bravos, pintados los cuerpos de vivos colores, nos esperaban enfrente de donde ocupara con los españoles el palacio de gobierno, una explanada de regular tamaño, pelada de vegetación, en el centro de la cual, en una construcción de palo, a la usanza de las suyas, nos esperaba elevado el cadáver del indio al cual L'Olonnais había arrancado el corazón. Las mujeres acuclilladas lo rodeaban llorando a gritos, golpeándose las frentes contra el suelo. Los hombres daban vivas voces, moviéndose de un lado al otro.

Vimos la escena con asombro, desde nuestra flota, y a los hombres que habíamos dejado en Maracaibo embarcados, a pocos metros del muelle, cargados con las riquezas robadas a la ciudad.

Una piragua se acercó al navío de L'Olonnais. En ella venía el intérprete de los bravos que en buen francés dijo tener orden de su jefe de llevar a L'Olonnais ante él para que diera una explicación de lo que había ocurrido, palabras sensatas a las que L'Olonnais no podía dar oídas, y que se atrevía a articular engañado por el L'Olonnais en paz que habían conocido, un hombre silencioso, que parecía un animal inofensivo y que ahora, como en medio de un combate, ante su sola vista se enardece, se convierte en un demonio, en un huracán, en una furia, y, sin escucharlo, ordena salga una balsa a informar a los nuestros que han de acercar su nave a nosotros y que él de ninguna manera ha de ver al jefe de los bravos, que no eran más que unos salvajes mientras que él era un francés y no tenía por qué rendir a nadie cuenta de sus actos, pero menos que a nadie a los indios bravos, bravos en nada si habían sido sojuzgados por los españoles brutos.

El intérprete regresó con la respuesta, y los bravos se prepararon para darnos ataque.

Ese día, Fortuna estaba de nuestra parte: los españoles habían recibido refuerzos y seguían nuestros pasos, ellos por tierra, nosotros por el lago, habiendo planeado, asistidos por Rafael Marques (de quien ya ni nos acordábamos) una estrategia: pensaban atacarnos muros adentro de Maracaibo desde lo que era el punto débil de nuestro acomodo en la ciudad:.. ¡el lugar preciso en que los bravos se habían asentado! Cuál no sería la ira de éstos, de no sólo escuchar la grosera respuesta de L'Olonnais, sino de ver entrar a los odiosos españoles, con lo que se combatieron unos a otros furiosamente. Desde los navíos, lanzamos balas de cañón hacia ambos bandos, causándoles bajas terribles, creciendo con mucho los números de los muertos, no pocos, que entre sí se causaran.

Cuando volvimos a poner pie en tierra firme, Rafael Marques, herido de una pierna, enarbolaba una bandera blanca, y nos recibió dando de voces con la historia de que los españoles lo habían hecho prisionero y del gusto que le daba vernos de regreso y victoriosos, usando las palabras que aquí apuntaré y haciendo tantos ademanes que más parecía un ebrio que un culpable, más un payaso que un traidor, porque de él se había apoderado el pánico y no atinaba a fingir decir verdad mientras exclamaba así: *¡Hermanos! Ustedes que obedecen la Ley de la Costa, ¡Salve!, ¡Vivan los filibusteros y mueran estos cadáveres que por ser españoles merecido tienen serlo! Tomarme a mí de prisionero, ¿no es desacato? ¿Yo quién soy? ¡Yo soy vasallo de la justicia filibustera! ¡Viva la Cofradía! ¡Brindo con ella!*, por lo que uno de los nuestros le tiró una bala para que no se volviera a abrir boca tan cobarde, mentirosa, vil y traicionera, cuya elocuencia no sirviera para ocultar su pequeñez. Encima de los cadáveres revueltos de españoles y bravos, la Reina Metecona de la Isla Azul ya no necesita el manto para reinar en la tierra.

L'Olonnais no se dio por satisfecho. Exigió rescate por la ciudad y por los prisioneros que arrastrábamos, o por lo que restaba de esos prisioneros. Llevábamos dos meses en la bahía de Maracaibo, si podía seguir llamándose Maracaibo a lo que presentaba aspecto tan distinto, cuando recibimos el rescate de la ciudad. Salimos con rumbo a Tortuga. Nuestro botín era mucho más cuantioso que lo que hubiéramos podido imaginar.

Para cruzar los cabos que nos comunicaran con el golfo, enviamos por ayuda a Maracaibo, donde se dice que renació el temor y que se tranquilizaron sólo cuando supieron que enviábamos por un conocedor que pudiera cruzarnos. Ya no había indios bravo que nos pudieran cruzar. Los habíamos acabado a todos. Y a sus mujeres. Los niños lloraban en sus casas, y al vernos pasar, si bordeábamos alguna de sus islas, nos arrojaban varas y piedras, por algo se llamaban "bravos", y de haber tenido armas hubieran peleado valientes contra nosotros, y las flechas envenenadas que desde pequeños aprendían a lanzar con buen tino nos hubieran causado muchas bajas, si no fuera porque allá donde habían muerto los bravos, hicimos una gran hoguera con sus armas.

Nueve

Dos meses. Ocho semanas. Sesenta días. ¿Cuántas horas? Al bajar en la isla de Aruba, en el golfo, para que el contramaestre organizara el recuento del botín y L'Olonnais una vuelta sin riesgo a Tortuga, traté de reconstruirme frente al asalto a Maracaibo. Había empezado con la toma del castillo, tan rápido que, he de confesarlo, la piragua en que me dirigía a tierra firme no la había tocado cuando los filibusteros éramos ya los vencedores y los españoles los vencidos. Ahí usé por primera vez entre los filibusteros de mi oficio de cirujano. Saqué algunas balas alojadas, una en un muslo, otra en un brazo, tres en hombros, curé heridas de armas blancas... En la ciudad entramos sin pelear. Ahí, a los pocos días, corté un dedo y lo anoté en mis recordatorios, los que debía dar al contramaestre al terminar la expedición para que ajustara la repartición del botín. En Aruba, antes de entregar la enumeración de brazos, dedos, ojos, miembros perdidos, repasé la enumeración: la primera pierna la había volado un cañón, yo sólo había ligado las arterias, a la segunda yo había tenido que cortarla, porque a mí llegó con su filibustero, destrozada y quemada por un estallido de pólvora.

Mis ojos repasaban la lista con la que yo podía reconstruir los hechos del asalto, pero algo me hacía no entender. El tiempo, esos sesenta días, me habían acorralado. Yo ya no era yo, ahora El Trepanador era el dueño de mis actos. En mis recordatorios, que debiera aquí reproducir, se contaban ochenta y cuatro piernas, y en mi persona no sabía cómo debía llevar la cuenta de las imágenes ultrajadas en la iglesia, ni de las españolas que había violado, ni las comidas que había hecho en mansiones, ni de las torturas presenciadas... ¿Hacía cuánto o cómo que yo era un enganchado, un esclavo, cuánto que dormía al aire libre, en el rellano de la casa donde crecí y de donde fui expulsado? No podía yo reconstruirme al regreso del asalto de Maracaibo. Yo ya no era nadie sino el puño que blandiera la espada chorreando sangre, el ojo apuntando, el dedo apretando el gatillo, aunque no fuera yo quien disparara y usara la espada, yo era los cuerpos que habían matado a veces con razón cuando se oponían a que les arrebatáramos sus trabajos y posesiones, a veces sin razón alguna, nada más por el gusto de verlos morir, de oír sus cuerpos caer, de salpicarnos con su sangre española, y yo era los cuerpos que había curado, en los que había puesto mi escalpelo, mi cincel, mi cuchillo... ¿Es que yo era eso? ¿No eran mis padres Negro Miel y Pineau que me enseñaran secretos de nobleza y grandeza? Por fin, ahora, era yo un Hermano, como ellos, de la Cofradía secreta de los Hermanos de la Costa. Participaba así del mejor sueño de los dos buenos hombres, con los codos manchados de la sangre que escurría de mis manos... No, no lograba reconstruirme. Pero sentía en mi cuerpo tal satisfacción que casi lo embotaba el gusto de la aventura, el placer de ser filibustero. ¿Me había perdido? Pero al preguntármelo yo sabía que lo que había perdido era mi cuerpo, que yo había sido sólo un esclavo, un engagé y que al dejar de serlo yo era el esclavo que perdió su cuerpo...

Yo no podía explicarme nada. No podía entender por qué, entre los filibusteros, se prefería a las mujeres forzadas que a las meretrices, sobre todo a las mujeres españolas, para quienes tanta humillación representara que las forzáramos, que con tanta violencia pelearan y con tanto dolor vivieran la humillación de su derrota. Las vírgenes españolas, sobre todo, ¡cuánto peleaban por conservar su honra! Porque de usarlas nosotros, creían ya no tenían manera de hacerse de buen marido, y ante la idea de verse mal casadas, con un hombre de otra posición, viejo, viudo o con algún desagradable defecto, a veces prefirieran quedarse a vestir santos. En Gibraltar, una madre de aún buen aspecto y una hija jovencita quedaron inermes en su casa al caer su ciudad. La madre temió los conocidos excesos de los piratas y filibusteros y mandó de inmediato a su criado a traer algunas meretrices y a sus cocineras a preparar viandas, y escribió una nota que decía así:

Nuestros fuertes hombres han sido vencidos. Esta casa se rinde
como se rindieron ellos. Toda es suya puesto que han vencido, y
todas las riquezas que ella contiene. He hecho incluso traer mu-
jeres aquí para los deleites a que se dice son ustedes tan afectos.
Yo soy una mujer honrada y mi hija es casi una niña. Seremos
lo único que apelando a sus sentimientos (que los tendrán) pedi-
mos ser respetadas.
Atentamente,

La Marquesa de la Poza Rica.

Como ésta era una de las dos más grandiosas mansiones
de la ciudad, fue tomada de inmediato por los filibusteros y
fuimos recibidos en ella como si fuéramos señores, agasajados
con bebida, comida, comodidades y mujeres, una gran fiesta
había sido dispuesta con toda formalidad. Cuando L'Olonnais
preguntó, sentado a la mesa, a quién debían tan buen recibimiento, un criado le acercó la nota escrita por la buena señora. No había terminado de leerla cuando dio orden de
buscarlas, diciendo: *¡No tomen nada de esta casa porque no debe*
interesarnos lo que dan a las vacas si hay dos joyas con qué poder
premiarnos, filibusteros! Los criados y las meretrices trataban de
convencernos de lo contrario, pero sólo consiguieron, al insis-
tir en sus razones y entorpecer la búsqueda, merecer su
muerte. Voltearon la casa de arriba a abajo. Torturaron de
horrenda manera a un jovencito para que les dijese dónde estaban sus amas, inútil tortura, porque primero alcanzó la
muerte sin decir palabra, ya emasculado y desollado de la mayor parte del cuerpo, habiéndole sido arrancada a trechos la
piel. Uno tuvo la idea de prender fuego a la casa, pero el capitán desechó la idea, diciendo: *Estas necias preferirán morir en*
las llamas que entregarse a nuestros brazos. Una casualidad nos
reveló el lugar donde se escondían. En el segundo piso, al saltar tres a la vez para tirar la tela que adornara el techo y tras
la cual pensamos que podrían estar escondidas, sus botas
rompieron de una esquina una de las duelas del piso de madera. Al bajar la vista, alguien vio el resplandor de un ojo tro-

pezando con un rayo de luz del sol que un espejo caído había dirigido traidor hacia ahí. Al levantar el piso, descubrimos a las dos bellas, y entre burlas, chanzas y toqueteos de los que ellas trataban de zafarse, las llevamos al Almirante. Todos las mirábamos con lascivia, ¡vaya que sí eran dos joyas!, la madre en su altivez, la hija en su frescura. La madre habló en español a L'Olonnais, y creyendo, como él no le prestaba atención, que no entendía español empezó a hablarle en francés con palabras conmovedoras y pronunciación impecable:

—Almirante, aceptándolo vencedor yo le ofrecí todo en esta casa, y preparé personalmente su recibimiento del que creo no podrá quejarse. Como sé que es usted un Caballero, le hice una sola petición, que nos respetase, a mí, por ser una mujer honrada que no ha conocido más hombre que mi marido, y a mi hija, mi máximo tesoro, que como usted ve es casi una niña. Vuelvo a pedírselo, aunque esta casa no esté ya dispuesta —decía mirando los destrozos que nuestra búsqueda había causado—, como usted lo amerita, para el recibimiento.

—Marquesa: nosotros no somos vacas y no gustamos comer lodo ni yerbas sino hacernos de joyas. Como usted lo asentó en su nota, ustedes dos son las dos grandes joyas que atesora esta casa. No tocaremos nada de ella, ni de las monedas guardadas que hemos en ella descubierto, ni de la plata, ni los bastimentos. Lo único que tomaremos serán las dos joyas.

—Capitán: yo le suplico, úsenme a mí, pero dejen con bien a mi niña. Se lo imploro.

—Espere usted, señora, que a L'Olonnais le enfurecen los ruegos y lo enojan las súplicas. Usted no ha de darme órdenes a mí, española y vencida...

Y el diálogo siguió parsimonioso, hasta que, viéndose perdidas, porque los hombres ya les alzaban con las espadas las faldas y les abrían con las puntas las telas de los vestidos, trataron de huir y en medio del revuelo, ahí mismo, enfrente unos de otros y la madre de la hija, L'Olonnais usó a la niña y quién sabe quién a la señora, y con el mismo acto siguieron no sé cuántos, relevándose los unos a los otros, y cuando acabó la cuadrilla hicieron traer a más filibusteros para que las abusasen y tanto fue el abuso que las dejamos (yo mismo lo vi) rasgadas, destrozadas, donde no sangrando, a carne viva, con llagas en sus partes y en cuanto las rodeaba. Cuando todos salimos, madre e hija prendieron fuego a la casa, no sé con qué fuerzas, no sé cómo pudieron levantarse (ni menos entiendo cómo pudo gritar una de las dos —como loca lo hizo, como loca gritaba, una y otra vez, quién sabe cuál de las dos loca tornada—: *Gózame pirata, Gózame pirata, Gózame pirata*), y ahí murieron, el mismo día en que terminamos de forzarlas, en que los filibusteros las cambiamos de gazmoñas en putas y de putas en carnes destrozadas.

Dos meses nos había llevado el asalto a Maracaibo. En cuatro días contamos en Aruba el botín y zarpamos para en el trayecto hacer la repartición, sobre el papel primero, porque nos detendríamos antes de tocar Tortuga en la isla Española a vender la mercancía, en el puerto llamado Isla de la Vaca.

L'Olonnais, el contramaestre, el cirujano de la expedición, y setenta de los más valientes, zarpamos un día antes que el resto de la flota a bordo de un sloop, la nave más ligera, con ninguna parte del botín pero muy bien pertrechados, para reconocer la ruta a Española y, de ser necesario, limpiarla de enemigos, temiendo alguna celada.

Teníamos pocas horas de haber dejado a los nuestros cuando el vigía anunció barco a la vista, un navío de guerra que posiblemente viniera en nuestra búsqueda. Rápidamente lo alcanzamos y lo obligamos a seguirnos, rodeando a distancia Aruba para alejarlo del botín que cuidaban los nuestros y enfilándolo de nuevo a la isla, hacia el extremo opuesto del punto de nuestra partida. Cuando volvimos a tocar tierra ya era de noche y, aunque habíamos dejado atrás a los españoles, no mediaba tanta distancia como para que corrieran peligro los nuestros de que, al perdernos la pista, los cazaran. Anclamos el navío y descendimos, junto con la artillería del barco, en piraguas, de las de los bravos. Nos internamos tierra adentro, escondiendo nuestros cañones y nuestras personas en la espesura del bosque, en una oscuridad que no era total porque la luna teñía el cielo de azul y las ramas de opacos grises, aunque no era luna llena y por lo tanto no alumbrara con intensidad.

Los habitantes del bosque no parecieron arredrarse con nuestra presencia. Los oíamos moverse junto con las hojas y las ramas delgadas y a veces raspar la corteza rugosa de los árboles, deslizarse sobre la arena o resbalar entre las piedras lisas, aunque tales palabras parecen exagerar los minúsculos movimientos que percibíamos, como si los animales se movieran dormidos, entre sueños, como si nuestra llegada no los hubiera siquiera despertado. Yo, como muchos otros filibusteros, temía a los caimanes, por lo que había tomado un perro por compañía en Maracaibo, pero en esta ocasión recibí orden de dejarlo a bordo, encerrado en la bodega vacía, donde sabíamos que él ya se sentía en casa y que entre las ratas no rompería a ladrar y que si ahí ladraba no importaba, acertada orden del oficial porque los susurros del bosque lo hubieran agitado y tan hubiera ladrado que aunque lo llevara para tranquilizarme hubiera hecho de mí, de mi corazón, sólo brinco y sobresalto.

La fragata española se acercaba silenciosa a la costa, creyéndonos dormidos, porque nuestro sloop no daba seña de que estuviéramos despiertos. Apenas se acercó lo suficiente, atacamos con todas nuestras armas de fuego hacia la fragata enemiga, tomándola por sorpresa, y al hacerlo en la oscuridad, venciendo la superioridad de sus fuerzas, porque desconcertados no sabían si disparar a la nave, a las piraguas, que ya habrían tal vez visto, o al cielo, porque no les cabía en la cabeza que los filibusteros los atacaran protegidos por el bosque y la maleza.

Vencimos, como es de suponerse, y al amanecer, entre los estallidos chillantes del cielo antillano, L'Olonnais aceptó la rendición del enemigo, sin que ellos supieran, sino demasiado tarde, la condición de su derrota: en menos de una hora, o un tiempo que se le pareció, L'Olonnais los pasó a todos a cuchillo: al General de Facción y pie de ejército, Capitán Don Pedro de Avellaneda, al Cabo General de la Armada y Maestro de Campo en Tierra, Don Gonzalo Suárez Ossiz, al Sargento Mayor y Capitán de una de las Compañías, al Capitán de Batallón, al Capitán de Artillería, a los ayudantes, alféreces, capellanes, tenientes de oficiales reales, al comisario de víveres, al tenedor de bastimentos...

Nos vimos obligados a tomar su fragata, aunque fuera nave de poca conveniencia para el regreso de la expedición, porque el sloop había sido averiado y enviamos una piragua que bordeara la isla y advirtiera a los nuestros del cambio, esperando su regreso para no avanzar mermados no sólo en ligereza sino también en fuerzas, mientras tirábamos al mar todo lo de peso que llevaba la fragata, dejábamos a bordo sólo el magro matalotaje que había resultado el botín y acomodábamos nuestros cañones.

Cuando regresó la piragua, trajo consigo a un muchacho que había sido tomado en falta: al abrazarlo uno de los Hermanos, sintió en su cintura un objeto duro, le exigió se lo enseñara porque era su matelot y estaba obligado a obedecerle y, como se negara, a golpes le había obligado a enseñárselo: un pesado collar de oro y rubíes que en algún lugar de Maracaibo el matelot había encontrado y que no había entregado a la Cofradía para la justa e igualitaria repartición del botín. L'Olonnais hizo traer ante sí al ladrón. Frente a nosotros cortó la nariz y las orejas del truhancillo. Yo cauterícé las heridas con yerbas del Negro Miel. Lo subimos a la fragata, y al día de navegación lo abandonamos en un islote con un odre de agua, un mosquete y balas por única compañía. ¡Bien que habría hecho uso de ellas el cimarrón de volarse la tapa de los sesos, antes que pasar por larga agonía y muerte enmedio de mar inmensa cuando la marea alta cubriera la poca tierra que lo sostuviera! Nadie sintió piedad por el matelot porque bien merecía el castigo.

Llegamos sin más interrupciones en ocho días a Isla de la Vaca, puerto en el que viven algunos bucaneros franceses que venden las carnes abucanadas a los filibusteros y a los comerciantes que llegan ahí con el fin de comerciar con los filibusteros.

Descargamos lo que habíamos hurtado, incluso las campanas de la iglesia de Maracaibo y las imágenes y los cuadros y las quinientas vacas. Repartimos entre todos nosotros las presas, según habíamos acordado en el contrato. Después de haber hecho la cuenta, hallamos en dinero de contado doscientos sesenta mil reales de a ocho. Repartido esto, cada uno recibió piezas de seda, lienzo y otras cosas por el valor de más de cien reales de a ocho. Los heridos recibieron su parte primero, muchos de ellos mutilados: por la pérdida de un brazo derecho, seiscientos pesos o seis esclavos, por brazo izquierdo quinientos pesos o cinco esclavos, por pierna derecha quinientos pesos o cinco esclavos, por la izquierda cuatrocientos pesos o cuatro esclavos, por un ojo cien pesos o un esclavo, por un dedo tanto como por un ojo... Se pesó después toda la plata labrada, contando a diez reales de a ocho la libra. Las joyas se tasaron en muchas diferencias a causa de nuestro nulo conocimiento en la materia.

Pasamos al reparto de lo que tocaba a los que habían muerto en batalla o de otra suerte. Las porciones de éstos, se dieron a guardar a sus amigos, para que, en su momento, las entregasen a sus herederos.

Concluida la repartición, nos hicimos a la vela para Tortuga, a la que llegamos un mes después de haber tocado Isla de Vaca, para gran alegría de los demás porque muchos de ellos no tenían ya dinero. Al tocar Tortuga, los comerciantes ya los habían estado esperando.

Y las prostitutas. Y los taberneros. Y los de los garitos. Y toda clase de fauna que fuera capaz de esquilmarnos a cambio de la gran fiesta.

La noche que comenzara en mi estancia anterior en Jamaica no había terminado, ahora estaba en Tortuga.

Nada de qué quejarnos: nuestra noche es de fiesta. Nuestros hombres llegaron pisando los talones de los dos navíos cargados de vino y licor, botín de otros filibusteros, vendido en Jamaica y transportado a Tortuga. Los primeros días el alcohol valía casi tan poco como el sol o los pastos de estas islas, diez días después valía diez veces más y otros diez días centuplicó su precio, cambiando su valor de pasto por el del oro, aunque le ocurriera distinto apenas traspasara nuestras gargantas: los primeros días habitaba como un sol de oro nuestros cuerpos, irradiándonos luz, como el cabo de la vela irradia luz, una luz artificial y parpadeante para cruzar la oscura fiesta, y conforme pasaba los días habitándonos se convertía en dura, gris piedra, casi negra allá adentro, en nuestras vísceras, nuestra sangre, nuestros músculos, oscureciéndonos más y más, como atemperándonos con la noche que nos rodeaba.

Se acostumbraba mucho, en el transcurso de estos días, practicar los juegos de mesa y apostar en ellos, y pagar altos precios por usar las fichas y los tableros.

Los músicos que nos acompañaran en los ataques, habían aquí enmudecido, otros interpretaban alegres sones y donde uno fuera los escuchaba. Creo que no dejaban de sonar en toda la noche, porque nunca dejé de oírlos. Aquí y allá se escuchaba también la extraña música de los esclavos negros.

Las mujeres de La Casa viajaron de Port Royal para acompañarnos. Habían improvisado un teatrillo para recibirnos. Al abrirse las cortinas, representaban cuadros fijos, trabajados a la perfección en todos sus detalles. Entre los filibusteros oí que algunos reconocían en los cuadros que ellas formaban reproducciones de famosas pinturas y algunos las consideraban exactas, sobre todo *La muerte de Dido,* de Vouet, que fue la que mayor admiración provocara y se decía que en ella se había puesto tanto esmero por haber sido la Señora (ahora que la recuerdo, una chiquilla) amante del pintor Vouet. Digo con certeza que uno de los cuadros era exactamente igual a uno robado por nosotros, y que movía a risa lo que en los muros de la iglesia de Maracaibo arrancara fervor de los pechos españoles porque veíamos a su Virgen representada por nuestra prostituta, a su San José por el palafrenero de la meretriz, a su niño Jesús en el pesebre por una seria gallina que parecía estar empollando, a su Santa Ana por la chica que habíamos usado alguna noche... Después de eso, en hermosos pabellones, improvisados entre las piedras y los árboles de Tortuga, según ellas a la usanza árabe, se entregaban a nosotros para satisfacer los apetitos carnales.

Aquí y allá se comía opíparamente, platillos como tocados por hadas y brujas que nos ponían en la carne el corazón, como no lo conseguían nuestras meretrices.

Diez

El banquero toma los naipes, tres barajas reunidas, y los baraja. Hace cortar a Caza de Pie que está a su izquierda, y anuncia *Diez reales de a ocho*. El Tunecino, a su derecha, contesta, *un real*, y de un real en un real en renvites se llega a los diez que ha pedido Van Wijn. Vuelve una carta, la del banquero, tres de bastos, y sin pausa la siguiente, que es la de los demás, los "puntos", a la izquierda de la suya, as de oros. Enseguida vuelve otra y todos comienzan a gritar: no hace par ni con la del banquero ni con la de los puntos. Vuelve otra. Los puntos chillan: *¡Que sea as de oros!*, *¡as de oros!* Chillan, manotean. Parece corral revuelto. Como de puercos cuando entran los filibusteros a abastecerse para sus viajes, quiéranlo o no sus dueños y si no lo quieren, a palizas lo querrán. Corrales tan llenos de puercos, tan apretados de puercos que estos no pueden ni moverse. Chillan. ¡Chillan! ¡Tiro doble! ¡Tres de bastos! Ganó Van Wijn, el banquero.

Baraja de nuevo. Corta Caza de Pie. Anuncia *Treinta reales de a ocho*. El Tunecino contesta *Tres reales* y los pone sobre la mesa de juego y como él otros nueve. Abre carta, siete de bastos. Revuelo en el corral, es carta de mala suerte. Para ellos, los puntos, el banquero tira de nuevo as de oros. La primera carta que vuelve tras estas dos es as de oros. Pierde el banquero.

Se retira del juego, pero antes de irse paga su cuota al que renta los naipes, un francés, Benazet, enriquecido cada vez más con el negocio del juego a costa de los filibusteros. Como en Tortuga nadie regula el juego y no hay impuestos, él pasa al gobernador una cuota fija y amasa monedas. No bebe. No tiene mujer y no le importan las mujeres, o no si hay que pagarles para tenerlas o pagar para mantenérselas. No gusta comer. No paga a los músicos que tocan en el garito. Cuando él es la banca gana siempre. El único lujo en su lugar es un letrero dibujado y adornado con flores y jarrones que dice *El juego nos pro-porciona los diferentes placeres de la sorpresa,* firmado por el Barón de Montesquieu. Un ejército de esclavos cultiva las tierras que rodean el garito con matas de tabaco, lo secan, doblan las hojas en las rodillas, y él lo vende, a precio de oro porque se dice que es muy buen tabaco. Las tierras no son de nadie en Tortu-ga, él usa de ellas y sin pagar por el uso.

Benazet me llama aparte. Me amenaza por algo que no comprendo. Yo no he estado jugando hoy, ni bebiendo. En la mañana enseñé a dos muchachos cómo preparar las vendas. Pe-ro he estado observando lo bueno que es Benazet para que to-dos pierdan en su provecho. Me amenaza y me vuelve a amenazar. Yo no entiendo de qué me habla. Alza cada vez más la voz. Los puntos, el banquero, quienes juegan dominó alzan la vista, separan la atención del juego para ver qué ocurre. Él me grita más recio: no se ha dado cuenta de que todos lo están mirando. Yo no entiendo su discurso, porque concentro mi entendimiento en ver que lo están mirando, en observar las caras de los Hermanos y la ira floreciendo en Benazet, una ira que nunca imaginé en su tacaña persona. Me vuelve a amena-zar y deja caer una palabra que es como un golpe, seco, a la nariz: *Pineau.* Se me nubla la vista. Se agolpa la sangre en mis oídos. Mis piernas quieren saltar pero se niegan a obedecerse a sí mismas.

Yo no soy el único que ha respondido con tal fuerza a la palabra. Atrás de la ola de sangre que me ha nublado el oído, no sé cómo escucho caer al suelo las sillas, rodar las fichas, gol-pes... Ni gritos ni palabras ni murmullos ni el revuelo contenido de corral que había durante el juego. Se han abierto las puer-tas. Todos han salido disparados.

Contra Benazet y los suyos, los hombres que lo cuidan, que más quieren huir que continuar cuidándolo. Todos los Herma-nos contra Benazet.

Cuando terminan, veo a Benazet arrollado en el suelo de tie-rra de su garito. Literalmente hecho papilla. Los Hermanos me abrazan, uno a uno. En absoluto silencio.

Yo rompo a llorar, mientras ellos me siguen abrazando. Alguno me trae un vaso de vino dulce para que baje mi dolor, y me dice *Ya acabamos con él. No te matará como lo mató. Y no hay que temerlos, son vacas.*

Ahí, frente a mí, yacía muerto el asesino de Pineau.

Con el vino en la sangre, sobre el maltratado cuerpo me paré y lo pateé y lo pateé, perdida la noción del tiempo, hasta que bajo mis talones no quedó más que una masa infecta, como un vómito, como un caldo, con la ropa hecha jirones, como panes flotando en la espesa sopa de miga: Yo era El Trepanador y aquello había sido el asesino de los dos hombres que me habían enseñado a serlo.

Mientras yo saciaba mi ira y daba de beber con mis patadas a mi dolor, la mayoría de los Hermanos había reiniciado los juegos y un pequeño grupo buscaba dónde tenía Benazet guardados los reales. Cuando los encontraron los entregaron a Antonio Du Puis, contramaestre de la expedición a Maracaibo, para que él los sumara al botín y nos los distribuyera, prolongando la fiesta en la que había entrado un raro rayo de luz con la venganza que hicimos en la muerte de Benazet, el francés que nunca fue más que la inmundicia en que terminó hecho.

Fue mi venganza, pero aún no entendía yo por qué Pineau y el Negro Miel habían muerto a manos del tacaño e inescrupuloso Benazet.

Fue mi venganza, pero, aunque en ella se desfogara mi corazón, no alcanzó a subir más allá de mis tobillos, o de los tobillos de mi comprensión. A pesar de ello, aun ahora, muchas veces, al recordar esta historia para revivir al Negro Miel, siento la masa resbalosa en que fue convertido la mierda de Benazet por los golpes de los Hermanos y mis patadas incontinentes. Pero extrañamente esa masa, al revivir bajo mis tobillos por la memoria, no me hace sentir resbaloso o inseguro el equilibrio, sino que por ella piso más firme, más seguro, y el olor que despide hace que la sangre que yo no puedo hacer andar por mis venas parezca moverse hacia aquellos días elásticos, noche todos desde que firmé bajo la Ley de la Costa.

Once

Lo siguiente que vendimos para continuar el dispendio fue un navío cargado de cacao. El aprovechado comprador fue el gobernador, dando por todo la veinteava parte de lo que valía.

Nos había llegado el momento, a los de la Costa, de abrir la bolsa los unos a los otros. No necesitamos verlo en nosotros mismos sino en lo que ocurría a nuestro alrededor: las mujeres de La Casa levantaban los pabellones y se regresaban a Jamaica, los comerciantes nos merodeaban, ofreciéndonos unos cuantos ochavos por objetos magníficos, los improvisados comedores de suculentos banquetes desaparecían como evaporándose en el aire... Antes de quedar completamente secos, el que aún tenía monedas las compartía, porque así son siempre los filibusteros, generosos los unos con los otros, de bolsa siempre abierta. O así lo fueron siempre hasta la llegada de la Segunda Cincuentena.

La Primera Cincuentena fue la Española, cuerpo móvil de asalto compuesto de cincuenta hombres divididos en pelotones que recorrían continuamente los bosques de Santo Domingo para sorprender y atacar a los bucaneros en sus propias madrigueras. De cincuenta en cincuenta consiguieron sacar a los rudos bucaneros del norte de la isla.

La Segunda Cincuentena ocurrió en Tortuga y fue una desgracia como la primera. Por fortuna no estuvo formada de cincuenta en cincuenta sino de sólo una vez cincuenta, pero fue tan dañina para los Hermanos de la Costa como lo fue la primera para los bucaneros.

Pero tengo que advertir al lector: si contara en este instante, cómo fue esta Segunda Cincuentena, sus estragos en Tortuga, su pronto fin y el descubrimiento que me trajo sobre Pineau y Negro Miel, aquí terminaría esta historia, porque si yo vuelvo a ella una y otra vez es sólo para cumplir la promesa que le hice a Negro en su lecho de muerte, encargarme de hacer vivir su memoria. Y yo quiero contar aún, para no dejarlo con vida, cómo fue el merecido fin del cruel L'Olonnais y tampoco quiero dejarme en esos mares revueltos, quiero regresarme a Europa, desde donde hoy cuento (si aún estoy en algún sitio) estas historias.

Volviendo donde iba: cuando ya no hubo quién entre nosotros sacara un ochavo para continuar la fiesta, azuzamos a L'Olonnais para que tramara otro genial asalto, y mientras lo hacía algunos salían en canoas para asaltar a los pescadores de tortugas, otros se hicieron a la mar para probar suerte por su cuenta (se dice que con tan mala fortuna que llegó el momento en que muertos de hambre atacaban a humildes pobladores de las costas sólo para obtener de ellos harina de cazabe y pescado seco, y que era tanta su hambre que a veces los desvalidos moradores conseguían echarlos de sus casas sin darles nada), otros fueron a la Española a hacerse de suficiente bastimento y otros carenaban, éstos con L'Olonnais, los navíos, para que anduvieran prestos en la próxima expedición.

Cuando se preparan los caribes para hacer la guerra, arrojan ají (algo similar a la pimienta) en carbones ardientes, provocando irritación en las mucosas y tos rasposa, con lo que creían producir el estado de ánimo necesario para atacar con furia. Nosotros, los filibusteros, no recurríamos al ají ni a la pimienta, ni simulábamos areitos como aquellos con los que terminaban por inflamarse los caribes para la lucha. Conseguíamos el ánimo para los ataques filibusteros al sentir los bolsillos vacíos, las gargantas secas, el cansancio de la fiesta que se prolongara por semanas y el hartazgo que nos producían las meretrices, esas mujeres que nada nuestro tenían escrito en la mirada y que compartían y soportaban las explosiones que provocaban nuestros espíritus (si los teníamos) para alcanzar algo parecido a la paz a base de alcohol, juegos, comida abundantísima, música, y que corrían con suerte si alguno le pagaba por hacer, realmente, y sin enjuagues, las labores características de su oficio, porque para usarlas, ya lo he dicho, los filibusteros prefieren las mujeres forzadas, las que se les resisten, encontrando placer en la humillación y gozo en la extrema violencia. Un filibustero (cuyo nombre conservaré en silencio para que su alma, seguramente en pena, no venga sobre mí a vengarse) gustaba matar a la mujer que estuviera poseyendo, diciendo que lo apretaban de tal suerte las carnes fallecientes que no había mayor placer que hacer morir a la mujer usada, y hubo muchos que lo probaron para corroborarlo, y quien decía que sí era cierto y quien decía que no y quien decía que era un placer si era otro el que la mataba.

¿A quién que conociera la naturaleza de nuestros deleites podía asombrar el carácter de nuestros asaltos y luchas? ¿Quién, conociéndolos, podría creer que necesitáramos de algún tipo de ají sobre ardientes carbones para inflamarnos? Y quién que lo supiera, no entendería que en aquellos hombres había un pausado cambiar de sentimientos y sensaciones, dependiendo si estuvieran antes de la lucha, después del ataque, durante éste, con el botín en la bolsa o dispendiado, o... Aunque por el momento, con la sorpresa en el recuerdo de Pineau y Negro Miel que me imponía la amenaza y muerte de la mierda de Benazet, y preparando mis provisiones de cirujano para la siguiente expedición porque nuestra partida parecía inminente, yo me hacía un poco al lado de sus emociones, otro aparte del cuerpo que los filibusteros formaran como un todo cálido y dispuesto, pero pude bien saber que los filibusteros "estábamos desesperados, ¿qué podemos hacer en tierra firme, con las bolsas vacías, si no sabemos calmar el trote de quien resbala por la cuesta, de quien no tiene descanso ni remedio? ¿Cuando a media noche, excedidos de alcohol, nos despertara incontenible al cruzar éste por las venas porque no cabía en ellas, nos preguntábamos cómo pueden vivir los hombres de tierra firme, encerrados tras cuatro paredes, cómo resisten la desesperación de los atardeceres tintos del Nuevo Mundo, cómo, sin calmarse con la amplitud del mar, del agua sin bordes, sin esquinas, sin orillas ni puertas...? ¡Porque en alta mar, o derrumbando lo que otros levantan para ocultarse, nuestro corazón filibustero encontraba dónde depositar la abundante sangre ebria que corría por nuestras venas!

"Antes de que pudiéramos parar la fiebre de la toma de la ciudad, antes de que pudiéramos suspenderla y verla como una cosa aparte de nosotros mismos, antes de que aprendiéramos —también— a decirnos que la batalla se había acabado, que nos habíamos hecho ricos, antes de ella, ¡ya no teníamos moneda que fuera nuestra, ni camisa nueva, ni pieza de seda o lino o tela burda!... y no nos dábamos cuenta de que el final de esa historia ya había ocurrido cuando sentíamos surgir la necesidad de emprender otro ataque... Las tardes, entonces, levantaban la bandera roja del asalto, cada tarde, y cada amanecer también la bandera ondeaba inmensa para nuestros ojos, y aunque ellos no entendieran qué era ese rojo vigoroso envolviendo los colores del mar Caribe, sabíamos que el colorado era señal de lucha, que los filibusteros debíamos seguir peleando, destruyendo, que lo nuestro no se había acabado, no... que teníamos que seguir con mosquete en cada mano y el puñal apretado con los dientes, aunque desfasados, sintiendo todo tardo, escapado del tiempo, lo único que conociéramos fuera la ira amodorrada y negra del alcohol, porque aunque esté en ella, sumergido, el filibustero no puede olvidar que él es, antes que nada, un Hermano de la Costa, como lo supo bien Mansvelt en la toma de Santiago, ciudad de tierra adentro. Cuando ya la habían tomado, cuando ya le habían arrebatado todas sus riquezas, los filibusteros se lanzaron a festejar su triunfo en la misma Santiago, compartiendo la gloria con los derrotados habitantes. Los emborracharon a todos, a los jóvenes, a los viejos, a los niños, haciéndolos beber de las barricas que ellos fabricaran para mercar. Embriagada la ciudad vencida, obligaron a los ricos a bailar para divertir a los pobres, para quienes también exhibían las ropas abiertas de las señoritingas a quienes detenían (ebrias, gritando) para que las usaran cuantos quisieran. Arrancaron los botones de los pantalones del gobernador —por el que ya habían recibido rescate—, quien iba y venía ebrio dando de gritos, tratando de imponer orden con los pantalones caídos a media pierna y arrastrando las palabras, que casi no podía articular por el excesivo alcohol que le habían hecho beber por la fuerza.

"A media borrachera, los filibusteros emprendieron la salida cargados del cuantioso botín, dirigiéndose hacia la playa donde habían dejado sus naves, pero una partida de ciudadanos sobrios comandados por el gobernador ebrio intentó detenerlos y lo hubiera podido hacer si no fuera porque Mansvelt y sus hermanos, envueltos en la nube de ron que oscurecía sus movimientos, aún estaban viviendo el momento de la lucha en que, haciendo acopio de su ingenio y de sus fuerzas, inventaban cómo hacer suyo Santiago. Cruzaron a los españoles, raptaron de nuevo al gobernador, se dispararon ambos bandos hasta caer los dos en el silencio: a ambos se les había acabado el parque. Entonces se lanzaron toda clase de invectivas, y los filibusteros exigían rescate nuevo por el gobernador, pero hubo un momento en que ya no escucharon respuesta: los españoles no contestaban, aburridos de la guerra verbal se habían retirado.

"Mansvelt y los suyos —sin saber bien si estaban en el momento del ataque o del festejo o del ataque posterior, con los nervios bien tensos como los de todo buen filibustero—, siguieron su camino al muelle, subieron a los navíos, y, a punto de partir recibieron una mísera cantidad por el segundo rescate del gobernador. ¡Nunca hubo gobernador tan mal pagado, ni tan mal vestido, con los pantalones empecinados en llegar al suelo! Así que aunque Mansvelt celebrara en su desesperación la victoria antes de tiempo, como tenía sangre de filibustero, no pudieron arrancársela ni aunque lo agarraron ebrio, porque aunque embriagado peleara fiero, nunca había borrachez en su juicio, borrachísimo, borrachón, borrachonazo fuera que no borrachuelo, como sí lo fue Rackham, pirata y no filibustero, que perdiera su barco en un ataque inglés, hallándolo a él y a toda su tripulación perdidamente ebrios, aunque pelearan para salvarlo dos mujeres, Anne Bonny, caprichuda y rica, y Mary Read, astuta y pobre antes de ser pirata. Aunque no debiéramos asentarlo los Hermanos de la Costa, porque ocurrió cuando ya nos habíamos disuelto, cuando Esquemelin había muerto hacía treinta años, cuando ya Port Royal, el puerto del magnífico placer, había sido barrido por las olas, pero ¿por qué no hemos de decirlo aquí, si nuestra bucanera conciencia lenta es también conciencia pronta, como nuestras reacciones se coloca fuera del tiempo...?"

Inflamados del ánimo, hechos todos ardiente carne sin oro, en ese sentido carne seca, los filibusteros nos aprestábamos para el siguiente ataque:

Había sido por la noche cuando se supieron separados de los demás navíos. ¿Falta de pericia? ¿Vientos que anunciaran lo que sucediera después? ¡Mejor para ellos que El Huracán se hubiera desatado antes de conocernos!, ¡mejor ser devorados por las olas del mar que encontrados a solas, en la estrecha bahía de la isla Guadalupe, una entrada de mar rodeada de altos arrecifes, a la que habían sido llevados sin su voluntad, por alguna corriente a la que creyeron bondadosa!

Nosotros habíamos salido en pos de canoas, a bordo de un sloop, porque L'Olonnais había decidido el sitio de nuestro próximo asalto, y por ser éste de aguas bajas, era necesario hacerlo en canoas: los de nuestra partida, las íbamos a arrebatar a los cazadores de tortugas, aunque éstos no estuviesen armados nunca y no tuvieran más pertenencia que su pobre canoa, labor nada agradable y a la que no sé bien a bien por qué me había yo sumado. El resto de los filibusteros nos esperaban en Tortuga.

—¡Barco a la vista!

El contramaestre daba la orden de acercar nuestro sloop a la galera española, ondeando la bandera roja que exigía su rendición. En un abrir y cerrar de ojos estaríamos ligeros, a punto de abordar su pesada nave, de tripulación excepcional: el Arzobispo discutía ardientemente con el Capitán, sin escuchar razones; los oficiales daban órdenes, las más contradictorias, a diestra y siniestra; el segundo de a bordo había enmudecido de pánico. El Arzobispo, que no sabía cómo éramos, exigía combatir a los filibusteros y no huir tierra adentro abandonándolo todo pero salvando el pellejo como quería el Capitán, que no sé si sería o cobarde o sabio porque aunque estaban bien pertrechados sabía que serían vencidos, y los soldados que venían custodiando al Arzobispo y a sus riquezas, en lugar de prepararse con cautela y ardor para la fiera batalla que se sobrevenía, se lamentaban a grandes voces de haber sido separados del resto de la Flota, mientras los galeotes, sordos a las órdenes confusas que se les daban, remaban lentos y desarticulados, haciendo a la nave moverse grotesca y torpe sin ningún sentido.

En cuanto nos acercamos lo suficiente para inspeccionar su cubierta, los músicos a bordo estallaron a tocar destemplada y disonantemente sus instrumentos, tan alto como les era posible. Todos, al son de la desarmada música, nos pusimos a bailar sobre cubierta, el Capitán con gastados jubones con brocados de oro, raídos calzones de seda y sombrero adornado con plumas rotas, todos con él agitábamos sortijas, brazaletes y pendientes, movíamos las piernas, alzábamos a un lado y otro los brazos, disparábamos una que otra bala al aire. Así estábamos, bailando, cuando las dos proas toparon, la una con la otra, y mosquetes en mano y puñal entre los dientes, habiendo hecho un boquete en nuestro sloop para que no tuviéramos regreso, abordamos la galera española.

El Arzobispo, de pie, vestido como corresponde a su Excelencia, interpuso entre él y nosotros su enorme crucifijo, mientras rezaba en voz alta y nosotros peleábamos contra los entumidos y cobardes soldados que gritaban aquí y allá piedad sin oponer casi resistencia. En cosa de minutos sería nuestro el navío, nuestra la cruz de oro engarzada con pedrería, nuestros los atavíos excelentes del Arzobispo.

De pronto escuchamos un rugido terrible, algo que como grito o aullido se prolongaba saliendo por la escotilla de carga, sobrepasando el volumen de nuestros músicos: los galeotes, aprovechando la confusión del oficial de remo, hartos de su látigo y de su crueldad, viendo en el nerviosismo de los españoles nuestro abordaje, pasaban de uno a otro, encadenados, al oficial que hasta entonces los maltratara, comiéndoselo a mordidas, hasta dejarlo, cuando cesó el lamento aquel tan espantoso, casi sólo huesos y sin vida.

Era tan abundante el botín y tan impropia la galera para buscar cazadores de tortugas, que decidimos regresar con L'Olonnais cuanto antes, pero prudentemente uno de los nuestros nos obligó a esperar, porque creyó ver en los vientos de la noche anterior anuncio de otro más recio y poco dominable: el Huracán, y aunque no le creyéramos con convicción, tanto miedo nos produjo la pura palabra Huracán que lo obedecimos, aunque no a pie juntillas por desgracia, porque él recomendaba acomodarnos con el botín en tierra firme, ya que teníamos a la isla tan cerca, y buscar en ella alguna gruta o cavar un refugio, dejando en la galera a los prisioneros para que se hundiesen y a las dos canoas que ya teníamos con nosotros para regresar a Tortuga, aunque después regresáramos por el botín. ¡Lo hubiéramos obedecido cabalmente!

Doce

¿Qué puño aventó en este mar islas como quien riega semillas, agitándose y abriendo los dedos al mismo tiempo? El mar Caribe está sembrado de islas, grandes y pequeñas, profusamente habitado de islas y deshabitado salvaje, sujeto a que el dueño del puño que lo sembró sople un viento temible que vuelva al mar transparente en un Mar Inmenso, un viento indomable que aunque todos saben, sí, expulsado por alguien, parece no haber sido jamás domado: el Huracán temible, Dios de los indios que han poblado estas islas, el Huracán desconfiable.

Cuando él llega, el sol se vuelve de agua y las aguas transparentes se enturbian, tórridas, furiosas, como si el viento del Huracán las cruzara de abajo hacia arriba, como si el viento las revolviese desde lo hondo, como si Huracán transmutara su elemento, como si el viento pudiera levantarlas, y ellas, enfurecidas con ira de jovencitas que no saben de su propia fuerza, engullen, devoran, tienen hambre de lo que haya, transmutadas de límpidas aguas traslúcidas en tripas glotonas y en ácidos que disuelven lo que engullen y en músculos horribles, y en apariencias mucosas, resbalosas, aceitosas y corrosibles. ¡Cuidado, filibusteros! Algo más fiero que ustedes se ha soltado. ¡Viene a buscarlos! y Huracán no teme y las aguas del mar de pronto necesitan carne y Huracán no sabe quiénes son los filibusteros, pero aun sin saberlo, iva tras ustedes el Huracán, tras los que no tienen más jefe que a Dios ni más Ley que la Fuerza ni más voluntad que la violencia! ¡Va tras ustedes! ¡Ya!

Quedamos sin galera, sin arzobispo, sin cruz del arzobispo (también la alzaba el viento), sin galeotes porque con todo y cadena soldada al buque se hundieron, y casi sin nosotros mismos, porque los más murieron. Nos salvamos los que habíamos bajado a dormir en tierra firme, atamos fuertemente la canoa con cuerdas a los árboles más grandes, y en cuanto el tiempo se compuso, nos echamos a la mar para reunirnos con los otros en Matamaná, al lado mediodía de la isla de Cuba, donde viven muchos pescadores de tortugas, y donde seguramente estaría ya L'Olonnais reuniendo canoas. Y así fue. Gran alegría nos dio vernos reunidos con los demás hermanos pensando que aquí terminarían nuestras pobrezas y tribulaciones.

Zarpamos hacia el cabo de Gracias a Dios, situado en tierra firme, a la altura de la isla de los Pinos, pero estando en la mar nos sobrevino pesada calma. Ya no éramos bienqueridos por el mar Caribe. ¿Huracán nos había tocado? Las aguas y los vientos nos fueron contrarias y nos faltaban ya las vituallas. Entramos en busca de comida y agua por una ría con las canoas y robamos todo a los indios, cantidad de maíz, mucho ganado de cerda y gallinas, pero no suficiente para nuestra empresa, así que seguimos por las costas del golfo de Honduras, buscando más de qué abastecernos, pero de asalto en asalto a los pobres indios no reuníamos lo que nos fuera suficiente y nos acabábamos lo que antes habíamos reunido, hasta que llegamos a Puerto Cabello, plaza en que se hallan almacenes españoles, en donde se ponen todas las mercaderías que vienen de país alto para guardarlas hasta la llegada de sus navíos.

Abordamos un navío español y en él nos acercamos a tierra firme para no levantar sospechas, apoderándonos de los dos almacenes y de todas las casas que había y tomando prisioneros a muchos de los moradores a los que L'Olonnais infligió los peores tormentos, y tantos que le pedí licencia para curar el cuerpo de una pobre mujer torturada en extrema medida, a la que él había decidido dejar con vida, no por clemencia, sí por crueldad, para que siguiera padeciendo los dolores que su maldad le provocara, y por respuesta obtuve que si lo mío era ser cirujano o albéitar, que siendo ella española y yo queriéndola sanar mi intento era albéitar porque curarla era como curar animales, pero no pude contener la compasión, y por no pelear por L'Olonnais le di a tomar veneno por la noche para que su alma amaneciera sin el cuerpo llagado en grandísimo tormento.

Muertos todos los prisioneros nos fuimos hacia la Villa de

San Pedro. Llevábamos caminadas tres leguas cuando hallamos una emboscada que aunque nos dejó muchas bajas y heridos no pudo resistir nuestra furia. A los españoles que quedaron en el camino estropeados, L'Olonnais los hizo acabar de matar, después que les hubo preguntado lo que quiso.

Fueron tres más las emboscadas que vencimos porque no había camino en que pudiéramos esquivarlas, hasta que, ya por entrar a Villa de San Pedro, los españoles se vieron obligados a levantar estandarte blanco en señal de tregua. La condición para rendir la ciudad era que diéramos dos horas a los vecinos para huir y sacar cuanto pudieran.

Entramos y estuvimos dos horas en la mayor inmovilidad mientras San Pedro entero se escondía a sí mismo y cargaban los habitantes cuanto creían poder llevar consigo.

Pasado el tiempo, L'Olonnais hizo seguir a los vecinos y robarles cuanto cargaran y volvió San Pedro entero de cabeza pero no hubo modo de encontrar lo que habían escondido, por lo que, tras quedarnos ahí algún tiempo, a festejar según nuestras costumbres, redujimos todo a cenizas.

Enmedio de los bárbaros festejos, mucho más voraces que los de Tortuga al regreso de Maracaibo, encontré tirada al pie de un muro una mujer que se quejaba con débil voz, pidiendo agua como única seña de su necesidad de auxilio. Yo volví su rostro y cuerpo hacia mí, sujetándola del largo cabello por no querer poner las manos donde le molestase. Lo que tuve en las manos había sido una cabeza y un cuerpo, era una masa herida en toda su extensión, cortada y quemada, azotada y golpeada. Quise darle de beber pero no había labios en que yo pudiera apoyar el recipiente y con mi cuchara dejé caer unas gotas en su ensangrentada lengua. ¿Cómo hacía para hablar, *agua, agua*? ¿Y quién le había hecho esto? ¿La habían sometido a tortura para que confesase algo?, le pregunté. Y me dijo: *No. Pero tengo algo que decirles. Por las costas de estas tierras pasará pronto un navío cargado de la más grande riqueza*, dijo todo eso, no sé con qué labios, lengua, boca, si de ello no quedaba nada. Y expiró.

La misma noticia fue recibida de más cuerpos que encontré o encontraron otros aquí y allá en San Pedro, cuerpos que habían sido de niños, hombres y mujeres, porque quien los llevaba al doloroso extremo parecía gustar hacerlo igual sin distinción de rango, sexo o edad.

Tres meses esperamos la llegada del navío, conviviendo con los indios salvajes de Puerto Cabellos, cazando tortugas con ciertas cortezas de árboles llamadas macoa, y desesperando. Cuando por fin lo tomamos, no hallamos dentro de él lo que esperábamos, pues ya había descargado cuanto llevara de valor, la gran riqueza anunciada era solamente cincuenta barras de hierro, un poco de papel, algunas vasijas llenas de vino y cosas de este género, de muy poca importancia. Los cuerpos, torturados tal vez por alguno de los nuestros, nos habían mentido.

Nos reunimos después del asalto a votación. L'Olonnais proponía dirigirnos a Guatemala, los más desilusionados, nuevos en tales ejercicios, creían que los reales de a ocho se cogían como peras en los árboles y dejaron la compañía. Otros, encabezados por Moisés Van Wijn, regresaron a Tortuga, a seguir bajo las órdenes de Pedro el Picardo.

Unos pocos decidimos seguir tras L'Olonnais, sin saber que votábamos por ver su navío varado en el golfo de Honduras, demasiado grande para pasar los flujos del mar o los ríos, y poco después, en las islas llamadas de las Perlas, encallado en un banco de arena, donde lo deshicimos para rehacerlo en forma de barco largo con lo que creíamos que cambiaría nuestra suerte.

Mientras lo hacíamos y lo deshacíamos, considerando que teníamos obra para mucho tiempo, cultivamos algunos campos, sembrando en ellos fríjoles, trigo de España, bananas. Y así, durante los cinco o seis meses que estuvimos en las Perlas dejamos de parecer filibusteros, y tanto que hasta amasábamos pan y lo cocíamos en hornos portátiles.

Por fin embarcamos la mitad de los que éramos en el barco largo. En pocos días llegamos a la ría de Nicaragua, donde, para nuestra mala suerte, nos atacaron indios y españoles juntos, matando a muchos de los nuestros y haciéndonos huir hacia las costas de Cartagena, donde L'Olonnais cayó en manos de los indios de Darién y le ocurrió lo que aquí se asentará en boca misma de Nau, L'Olonnais, hijo de un pequeño comerciante de Sables d'Olonne, que se dejó contratar por un colono de Martinica de paso por Flandes, con quien firmó contrato de tres años para las Indias Occidentales y a quien dejó, por parecerle la esclavitud insoportable, escapando con unos bucaneros y de quienes fue golpeado y maltratado y retomado por otros, quien se enroló con los Hermanos de la Costa, y comandó la expedición gloriosa a Maracaibo, para después emprender la fracasada historia en que perdió así la vida:

"Acercamos la barca a tierra para procurarnos en el bosque caza, pues en este país no hay mucho más que lo que se encuentra en el bosque. Emprenderíamos la caza, y mientras los dejé a todos preparándola, yo avancé un poco, desarmado, para hacer un breve reconocimiento, creyendo el sitio desierto. Cuando iba yendo por el bosque, oí de los dos lados del camino una gran gritería, como acostumbran hacer los salvajes, y arrancaron hacia mí. Reconocí entonces que me habían cercado y apuntaban las flechas sobre mí y tiraban. Exclamé *¡Válgame Dios!* y apenas había pronunciado estas palabras cuando me tendieron en tierra, arrojándose sobre mí y picándome con lanzas. Pero no me hirieron más que en la pierna y pensé *Gracias a Dios*, confiado de que en cualquier momento llegarían por mí los fieros míos. Me desnudaron completamente. Uno me sacó la camisa, otro el sombrero, el tercero el calzado, etcétera. Y comenzaron a disputar mi posesión, diciendo uno que había sido el primero en llegar a mí y así corrieron conmigo por el bosque al mar, donde tenían sus canoas y donde me vi perdido porque no llegaban los míos. Cuando me distinguieron los de ellos que rodeaban las canoas, traído por los otros, corrieron a nuestro encuentro, adornados con plumas, como es costumbre, mordiéndose los brazos, haciéndome comprender que me querían devorar. Delante de mí iba un rey con un palo que sirve para matar a los prisioneros. Él hizo un discurso y contó cómo ellos me habían hecho su esclavo, queriendo vengar sobre mí la muerte de sus amigos. Y cuando me llevaron hasta las canoas algunos me dieron bofetadas. Apresuráronse entonces a arrastrar las canoas por el agua, por miedo a que los míos ya estuviesen alarmados, como era verdad, mientras otros me ataron de pies y manos, y como no eran todos del mismo lugar, cada aldea quedó disgustada por volver sin nada y disputaban con aquellos que me conservaban. Unos decían que habían estado tan cerca de mí como los otros, y querían también tener su parte de mí, proponiendo matarme inmediatamente.

"Yo esperaba el golpe, pero el rey, que me quería poseer, dijo que deseaba llevarme vivo para casa, para que las mujeres me viesen y se divirtiesen a mi cuenta, después de lo cual me matarían, fabricarían su bebida, se reunirían para una fiesta y me comerían conjuntamente. Así que me dejaron y me amarraron cuatro cuerdas en el pescuezo, haciéndome entrar en una canoa mientras estaban aún en tierra. Amarraron las puntas de la cuerda de la canoa y las arrastraron hacia el agua para volver a casa. De pronto, me di cuenta de que yo comprendía las palabras de su lengua salvaje como si las dijeran en mi lengua. Y que por lo tanto ya no tenía salvación.

"Llegaron a tierra firme y pusieron las canoas sobre la arena, donde quedé yo también, acostado por causa de la herida en la pierna. Me cercaron con amenazas de devorarme.

"Estando en esta gran aflicción, recordaba la gloria que yo un día había tenido y veía también ante mis ojos la mala suerte que me había venido persiguiendo desde la última vez que dejamos Tortuga. Con los ojos bañados en llanto, comencé a cantar del fondo de mi corazón el salmo *A ti te imploro mi Dios, en mi pesar*, que no había vuelto a cantar desde que dejé de ser niño. Ahí cerca estaban sus mujeres, en una plantación de mandioca orillando el mar. Y a éstas fui obligado a gritar en la lengua de ellas *¡Yo, vuestra comida, ya llegué!*, y mientras decía estas palabras, imaginaba que las de su sexo eran las culpables de que me viera yo en tan mal estado y no sabía por qué lo imaginaba.

"Encendieron hogueras en cuanto llegó la noche y me acomodaron en una hamaca, amarrado de los brazos, como ella a los palos que la sujetaban. Amarraron en lo más alto del árbol las cuerdas que yo tenía en el pescuezo y se acostaron encima de mí conversando conmigo y llamándome *Tú eres mi bicho amarrado*.

"Al amanecer corrieron todos los de su aldea a verme, mozos y viejos. Los hombres iban con sus flechas y arcos y recomendáronme a sus mujeres, que me llevaron entre sí, yendo algunas delante, otras detrás de mí. Cantaban y danzaban los cantos que acostumbran cuando están por devorar a alguien.

"Así me llevaron hasta una fortificación hecha de gruesos y largos troncos, como una cerca alrededor de un jardín, situada enfrente de sus casas, y que les sirve contra los enemigos. Cuando entré, corrieron las mujeres a mi encuentro y me dieron bofetadas, arrancándome la barba y diciéndome en su lengua *Vengo en ti el golpe que mató a mi amigo, el cual fue muerto por aquellos entre los cuales tú estuviste.*

"Me condujeron después a una casa y me obligaron a acostarme en una hamaca. Volvieron las mujeres y continuaron golpeándome y maltratándome, amenazando devorarme. Vino una mujer que tenía un pedazo de cristal en un palo arqueado, me cortó con ese cristal las pestañas de los ojos. Luego querían cortarme de la misma manera los bigotes y la barba pero no me dejé y trajeron unas tijeras que les habían dejado los portugueses.

"Empezaron a preparar la bebida que tomarían después de comerme. Hicieron el fuego. No me quemaron en una sola pieza: me asaron por partes, primero un miembro, después otro, otro... Yo aún estaba con vida cuando veía cómo los niños devoraban partes de mi cuerpo, comían trozos de mi propio cuerpo, hasta que la pérdida de sangre me hizo quedar sin conocimiento y exhalé el último aliento en el momento en que clavaban en mi torso una estaca para asarme con todo y cabeza. No sentí el fuego. No supe cómo terminó la ceremonia con que los indios darién festejaron el banquete que mi propio cuerpo les procurara."

Trece

Durante nuestra fracasada expedición, hubo un momento en que empezaron a salir de la nada, en las noches, los recuerdos con que Negro Miel poblaba la oscuridad de su ceguera.

Vi a la leona saltar sobre el antílope, y devorarlo. Vi la avestruz corriendo en la sabana. Vi las tupidas matas naciendo de tierra gris. Vi la rara manera en que vestían sus hombres y sus mujeres y el modo en que ellos pintaban de muchos colores sus caras y sus cuerpos. Vi animales que no sé cómo nombrar, enormes y extraños, no siempre temibles. No supe de inmediato que eran del Negro Miel estos recuerdos, pero de tanto repetirse y de purificarse con los años fui descubriendo que no eran míos, que en mí habían quedado escritos, cuidadosamente armados, como un paraíso, los recuerdos de Negro Miel.

Aun ahora, en la ceguera que me ha regalado el paso de los siglos, y que tanto agradezco, Negro Miel sigue caminando en el lugar donde la tierra alcanza su perfección, mostrándomela cada día más perfecta, como si al verla repetida se mejorara. Los hombres y las mujeres han salido de esas imágenes. Ahí sólo habitan vegetales, animales, y esa bestia hermosa que llamamos tierra, y que ahí luce en los celajes más prodigiosos, en ríos, en montes, en el silbar de un aire que sopla noble, continuo...

Regresamos a Las Perlas y corrimos con suerte, un barco pirata tocó la isla con rumbo a Jamaica. De ahí, después de visitar a las mujeres de La Casa para atender sus malestares y problemas, con mucho desánimo, me fui a Tortuga. Era otra la isla que en ella me esperaba. Había caído la Cincuentena. Tortuga estaba cambiada de cabo a rabo y no para bien. El por mil motivos odiado Bertrand D'Ogeron se había salido con la suya: en mi ausencia, un navío con cincuenta mujeres había arribado y el gobernador las tenía en venta. Quien comprara no podía llevarse más que una, y ésta tenía que ser tomada por esposa. Cuando llegué se habían vendido ya diez y ocho mujeres, tres de éstas habían abandonado a sus maridos y éstos peleaban con D'Ogeron la devolución de lo pagado por ellas. Pero no era la compra y la venta lo que importaba en el distinto aspecto de Tortuga. Cada una de las cincuenta mujeres se había apropiado de un bucan, y los Hermanos de la Costa, que siempre acostumbraban llegar y ocupar cualquier bucan, o aprovechar la mano esclava para levantar otro, no tenían ahora dónde meter el cuerpo para dormir, de no ser los peñascos y las arenas de Tortuga. Las mujeres habían decidido que se les vendiera junto con el bucan que ocuparan, para ordenarlo y hacerlo a su manera, y los esclavos tenían prohibido por el gobernador cortar árboles y ramas para levantar otros so pena de azotes, con el dizque de cuidar los bosques, como si hubiera algo que cuidarles, lo cual, sin aumentarle el precio que tendrían sin bucan (las cabañas no podían tener precio, eran de todos) favorecía a los intereses del gobernador que las había hecho traer de Francia anunciadas como huérfanas sacadas de un hospicio para que los rudos hombres de Tortuga cambiaran su vida aventurera y sentaran cabeza.

Había que ver a las huérfanas anunciadas por el gobernador para no creerlas tales: basura sacada de Salpretière, pero no del bâtiment Mazarin o del bâtiment Lassay sino del centro del hospital, de la prisión de La Force, por lo que con sólo saberlo y sin ver modales y lenguaje tan disolutos que uno se sorprendía de encontrar que persistieran en ellos, se habría sabido que no eran mujeres desvalidas sino prostitutas sacadas del lodo y arrancadas luego de las cadenas y los calabozos subterráneos de Salpretière.. Y no eran como las hermosas de La Casa y los otros prostíbulos de Jamaica a las que nuestros ojos se habían acotumbrado. Mal alimentadas, y esto es decir poco, medio muertas de hambre, entradas en años, más tenían de perros en sequía que de mujeres. Cualquiera apostaría a que no se vendería ninguna... Pero conforme pasaron los días, llegaron a venderse veintisiete más... Antes de llegar a estas veintisiete que luego se vendieron, regreso a repetir que todo parecía haber cambiado en Tortuga y que mucho había cambiado, pero una taberna parecía haber sobrevivido igual a como era antes de mi última partida, y en ella me refugié pensando ir a dormir en un gruta no muy lejos de Cayona que muchos Hermanos habían tomado por dormitorio.

Yo no tenía ni un real en la bolsa, pero los Hermanos me tomaron bajo su custodia y me invitaron de comer y de beber, porque, como lo he dicho, los filibusteros son siempre generosos con los suyos. Además, querían que yo les platicase del fin de L'Olonnais y de la mala suerte en nuestras últimas empresas tanto como yo quería que ellos me hablasen de Tortuga. Poco había yo podido contar, pero ya había anunciado que a mi vez quería oír las nuevas que ya había visto de la isla, cuando Pata de Palo, un filibustero viejo, de los que formaban el Consejo de la Cofradía, avanzó hacia mí apresurado, deteniendo su escudilla con ambas manos. Tropezó con ella en mi cuerpo, encajándomela casi, mirándome fijo a los ojos sin separar la insistente escudilla de mi vientre, y dijo en voz alta: *disculpa* y *en voy muy baja*, que ocultó para desaparecerla de los demás con un golpe contra el piso de su pierna de palo, *tómala, ten*. Yo sostuve la escudilla, él se separó apresurado de mí y oí de pronto un grito: *Seremos vacas, pero ustedes son puercos,* y varias voces a la vez gritando *¡Puerco!*, y de inmediato tres tiros de pólvora de un hilo, estampidos de tres armas. No alcé la vista para ver de dónde provenían porque seguía con los ojos el cuerpo de Pata de Palo cayendo al piso y al verlo caer algo guió mi mirada a la escudilla que él me había encajado para entregármela. En el fondo de ella había un papel doblado. Lo tomé de inmediato y con discreción lo metí entre mi ropa, pegándolo a la piel, y seguí mirando la escena sin moverme.

Alguien me empujó hacia el herido, *Trepanador, atiéndelo*, en medio del revuelo. Algunos trataban de alcanzar a la pandilla que lo había atacado.

El grito *Puerco* aún resonaba en mis oídos. Caminé hacia Pata de Palo y me agaché para revisarlo. Estaba muerto. Una bala le había atravesado el corazón. No dije nada. Salí de la taberna. Me eché a caminar hacia donde no había construcciones, tierra adentro, pisando los caminos que Pineau amara tanto y que Negro Miel recorriera tantas veces en busca de yerbas o raíces para sus remedios. Sí, yo, como Pineau, amaba la isla. Una emoción confusa me movía, movía mi corazón en ella. Pineau y Negro Miel, mis dos padres, habían muerto aquí. Ésta era mi tierra.

No sé cuánto tiempo caminé sumido en la emoción provocada por la palabra puerco. De pronto, recordé el papel que Pata de Palo me había servido en la escudilla para ocultarlo. Me senté sobre una roca y escuché atentamente, para saber si acaso alguien me seguía. No se oía nada más que el zumbar de las moscas y las abejas y el paso del viento en las hojas de los árboles.

Saqué el papel de donde lo había guardado y lo extendí. Eran dos hojas, una tira alargada y otra grande cubierta de letra apretada. Primero examiné la tira a la luz del anochecer. Había en ella muchos dibujos rústicos y muy comprensibles: un hombre blanco usando de un hombre negro, un hombre negro usando de un hombre blanco, el negro y el blanco tomados de la mano; el blanco usando de la negra, el negro usando de la negra; la negra tomada con una mano del blanco y con la otra del negro; el negro, la negra, el blanco y el niño mulato; la negra con un puñal clavado en el pecho por el negro; el negro con un puñal clavado en el pecho por el blanco; el niño mulato y el padre blanco en un navío con una leyenda escrita: **"Señor de La Pailleterie con el hijo de Louise-Césette Dumas"**. En el siguiente dibujo, un hombre blanco usaba de un hombre negro y un negro usaba de un blanco, y el último dibujo era un mapa pequeño de Tortuga.

No comprendí nada. En letras más grandes, hasta abajo de todos los dibujos, se leía:

PRO FE CÍA: SI NO SE PRO HÍ BEN ELLAS LLE GA RÁ EL DÍA EN QUE EL HER MA NO ASE SI NE AL

HER MA NO Y ACA BA RÁ LA FUER ZA DEL FI LI BUS TE RO

y un anexo con letra chica en la esquina: "Quienes se deben al Rey o al Cardenal no son personas, son vacas".

Cuidadosamente, lo volví a enroscar y lo guardé en el otro papel doblado, como venía. ¿Por qué me lo había dado Pata de Palo? Ya no tenía luz para leer la hoja. Me reuní con los Hermanos a dormir en la gruta. Practicamos los ritos de la Fraternidad, comiendo todos del mismo pan de cazabe, y cantando las canciones en que nos jurábamos lealtad eterna. Bebimos.

Velábamos en el mismo lugar el cuerpo asesinado de Pata de Palo. Nadie habló de vengarlo, pero sí se habló de no comprar ninguna de las mujeres traídas por el gobernador. Yo no hablé de los papeles, ni dejé de pensar en la profecía.

A pesar de eso, ya lo dije, se vendieron veintisiete más, la mayoría entre los que aún no habían sido iniciados en la Cofradía, matelots que expulsaríamos por esto antes de llegar a filibusteros, pero dos tal viejos Hermanos, cosa que yo no me podía explicar.

Se rumoraba que ellos, aliados del gobernador, habían sido los asesinos de Pata de Palo. Aunque así fuera, la cuenta no era exacta. Yo escuché tres balazos, ¿quién era el que faltaba?

De haberlo sabido, hubiera matado a los tres con mis patadas, moliendo su carne de vacas como bien lo merecieran.

Catorce

Cuando terminé de leer el documento escrito en la letra apretada y regular de Pineau, yo estaba emocionado y también contrito. ¿Cómo no me había hecho consciente antes? ¿Cómo había entrado a la Fraternidad, a formar parte activa del sueño maravilloso, en una nube de alcohol, sin saber que formaba parte de la utopía de grandes corazones? ¿Cómo había disfrutado de muchas de tales aspiraciones sin sacudirme la emoción por ello, vuelto un bruto al que dan de comer manjares sin que entienda y disfrute de ellos, sin saber que yo formaba parte de aquello que la chica en el navío (mi amada Ella) me anunció cuando viajábamos de la triste Europa a la gran Tortuga (*En las tierras a que vamos, yo he oído decir que no hay el tuyo y el mío sino que todo es nuestro, y que nadie pide el quién vive, que ahí no se cierran las puertas con cerrojos y cadenas porque todos son hermanos de todos. Lo he oído decir. Y que la única ley que hay es la lealtad a los Hermanos y que para serlo, no se puede ser débil, o cobarde, o mujer. Yo me iré a una isla vecina y veré cómo formo parte de esa vida mejor*)? Pero todo parecía leerse ahora de otra manera porque la ambición de unos pocos (cerdos que se atrevían a llamar a los grandes puercos) se esmeraban en cambiarle el rostro, porque ya había en Tortuga el tuyo y el mío y el quién vive, porque aunque hubiera muerto Benazet, el dueño del garito, ahora había tres como él que no podía matar por no saber quiénes eran, y otros tantos poderosos, enriquecidos, bien protegidos que no dejarían que nadie les quitara lo suyo,. y más, que embrutecían con el juego el deseo de aventura de los hombres, atrayéndolos a tierra firme, cortándoles las alas con falsos campos de batalla reproducidos en la baraja y las fichas, volviendo su fiereza paja para atizar la hoguera de sus riquezas... Ahora se dejarían contratar por el gobernador a cambio de unas pocas monedas para pagar los juegos que suplían sus aventuras y para llevar bagatelas a sus mujeres.

El sueño de esos hombres había llegado a su fin, y no veía yo cómo podíamos revivirlo.

El último que firmara el papel era Pata de Palo y ya había muerto. Puncé con el puñal que traía al cinto la yema de mi dedo gordo y firmé con sangre el documento, tratando de que quedara legible mi nombre, El Trepanador, acomodando la forma de las letras con la punta del puñal.

Lo guardé pegado a mi piel, en la cintura, y ahí lo llevé conmigo por años, hasta que lo perdí en un asalto del que nunca he podido explicarme cómo fue que salí con vida.

Viví treinta años más, después de haber firmado la Ley de la Costa, en esas islas, ya no entre hombres grandiosos para los que no había más ley que Dios, sino entre rufianes y asaltantes de la peor ralea que aceptaban pagar impuestos y vasallajes a D'Ogeron, a su sobrino y a quien lo sucedió, gobernadorzuchos que representaran a un Rey allende el mar. Si resistí convivir entre ellos fue porque yo sabía que ellos eran los herederos de un sueño grandioso que permitía a los hombres arrebatar lo que a nadie por ley legítima perteneciera y porque la onda que ese sueño formara, empapada de violencia o alcohol alternadamente, algo me daba que ninguna otra forma de vida me podía dar. Lo confieso ahora que escribo estas páginas con los ojos, los oídos y el corazón de J. Smeeks, El Trepanador, para conservar la memoria de Negro Miel, yo que he corrido con la dicha de conservar la memoria de un lugar donde la tierra alcanza su perfección.

Impresión:
Encuadernación Técnica Editorial, S. A.
Calz. San Lorenzo 279, 45-48, 09880 México, D.F.
10-VI-2001

Narrativa y poesía en Biblioteca Era

Jorge Aguilar Mora
Una muerte sencilla, justa, eterna
Stabat Mater
Ernesto Alcocer
También se llamaba Lola
José Carlos Becerra
El otoño recorre las islas. Obra poética, 1961/1970
Alberto Blanco
Cuenta de los guías
José Joaquín Blanco
Mátame y verás
El Castigador
Carmen Boullosa
Son vacas, somos puercos
La Milagrosa
Llanto
Coral Bracho
La voluntad del ámbar
Nellie Campobello
Cartucho. Relatos de la lucha en el norte de México
Luis Cardoza y Aragón
Miguel Ángel Asturias (casi novela)
Lázaro
Rosario Castellanos
Los convidados de agosto
Carlos Chimal
Cinco del águila
Lengua de pájaros
Olivier Debroise
Crónica de las destrucciones (In Nemiuhyantiliztlatollotl)
Christopher Domínguez
William Pescador
Jorge Fernández Granados
El cristal
Carlos Fuentes
Aura
Una familia lejana
Los días enmascarados

Eduardo Galeano
Días y noches de amor y de guerra
Ana García Bergua
El umbral
El imaginador
Púrpura
Gabriel García Márquez
El coronel no tiene quien le escriba
La mala hora
Juan García Ponce
La noche
Francesca Gargallo
Estar en el mundo
La decisión del capitán
Marcha seca
Luis González de Alba
Los días y los años
Hugo Hiriart
La destrucción de todas las cosas
Cuadernos de Gofa
David Huerta
Incurable
Efraín Huerta
Transa poética
Bárbara Jacobs
Las hojas muertas
Darío Jaramillo
Cartas cruzadas
José Lezama Lima
Paradiso
Oppiano Licario
Muerte de Narciso. Antología poética
Malcolm Lowry
Bajo el volcán
Oscuro como la tumba donde yace mi amigo
Piedra infernal
Un trueno tras el Popocatépetl
Héctor Manjarrez
No todos los hombres son románticos
Canciones para los que se han separado

Senel Paz
El lobo, el bosque y el hombre nuevo
Armando Pereira
Amanecer en el desierto
Las palabras perdidas
Sergio Pitol
El desfile del amor
Domar a la divina garza
La vida conyugal
Vals de Mefisto
Juegos florales
Cuerpo presente
El tañido de una flauta
El arte de la fuga
Pasión por la trama
El viaje
Elena Poniatowska
Lilus Kikus
Hasta no verte Jesús mío
Querido Diego, te abraza Quiela
De noche vienes
La "Flor de Lis"
Tinísima
Juan Rulfo
Antología personal
El gallo de oro. Y otros textos para cine
Los cuadernos de Juan Rulfo
Sergio Schmucler
Detrás del vidrio
Pablo Soler Frost
Cartas de Tepoztlán
Eduardo Vázquez Martín
Naturaleza y hechos
José Javier Villarreal
Portuaria
Paloma Villegas
La luz oblicua
Saúl Yurkievich
El sentimiento del sentido